湖北省学术著作出版专项资金
Hubei Special Funds for Academic Publications

新媒体与数字出版研究丛书

上海市社科规划青年课题"移动场景下学术出版服务链重构研究"（2018ETQ001）成果

New Media Technology Adoption
of Chinese Publishing Enterprises

我国出版企业新媒体技术采纳研究

丛挺　著

WUHAN UNIVERSITY PRESS
武汉大学出版社

图书在版编目(CIP)数据

我国出版企业新媒体技术采纳研究/丛挺著.—武汉:武汉大学出版社,2019.8

新媒体与数字出版研究丛书

湖北省学术著作出版专项资金资助项目

ISBN 978-7-307-20687-8

Ⅰ.我…　Ⅱ.丛…　Ⅲ.传播媒介—经管管理—研究—中国　Ⅳ.G219.2

中国版本图书馆 CIP 数据核字(2019)第 023982 号

责任编辑:徐胡乡　　　责任校对:李孟潇　　　版式设计:马　佳

出版发行:**武汉大学出版社**　(430072　武昌　珞珈山)

(电子邮箱:cbs22@whu.edu.cn 网址:www.wdp.com.cn)

印刷:武汉中远印务有限公司

开本:720×1000　1/16　印张:15.5　字数:221 千字　插页:2

版次:2019 年 8 月第 1 版　　　2019 年 8 月第 1 次印刷

ISBN 978-7-307-20687-8　　　定价:52.00 元

目　　录

第1章　新技术采纳与出版转型：
出版业的时代命题

1.1　问题的提出

进入 21 世纪以来，信息与传播技术对文化产业的影响日益显著。2012 年，由科技部、中宣部、新闻出版总署等多个部门联合颁布的《国家文化科技创新工程纲要》中明确提到："由数字技术和网络信息技术掀起的高科技浪潮在改造提升传统文化产业的同时，还催生了一大批新的文化形态和文化业态。科技已交融渗透到文化产品创作、生产、传播、消费的各个层面和关键环节，成为文化产业发展的核心支撑和重要引擎。"① 作为文化产业的核心领域，出版业同样面临着产业转型升级的重大机遇和挑战，而出版企业如何利用新媒体技术以实现数字化转型，是其中的关键问题。

有关企业技术创新采纳的研究由来已久。早在 20 世纪初，奥地利经济学家约瑟夫·熊彼特（Joseph Alois Schumpeter）在其"创造性破坏"理论中就提出，经济增长的根本动力来自企业家发动创造性破坏的过程，这些企业家持续引进新产品、新的生产方式和其他创新手段，创造出更大的买方效用以刺激经济行为。② 罗杰斯（Everett M. Rogers）则指出，相比于个人的创新决策，组织内

---

① 国家文化科技创新工程纲要，2012.

② ［美］阿兰·B. 阿尔可瓦兰. 传媒经济与管理学导论［M］. 崔保国，等，译. 北京：清华大学出版社，2010：238.

部的创新过程更为复杂，需要组织与技术相互适应与磨合。① 20
世纪 90 年代，随着信息系统、电子商务等新技术在企业中的影响
与作用不断提升，围绕技术创新采纳的研究受到普遍重视，逐渐成
为企业管理研究领域的主流分支，并形成了过程与因素两大研究范
式。值得注意的是，在传媒管理学领域，相关学者也开始针对新传
播技术的采用及其影响进行积极的研究探索。② 但整体而言，传媒
管理与经济学领域对于企业创新行为，尤其是新技术采纳等问题的
探讨仍然较为缺乏。

　　现实层面，与过去的技术变革相比，新媒体技术对出版业具有
更为深刻的影响。如果从出版与技术相互作用的历史长河来看，说
出版业是一个技术驱动的行业也许并不为过。但用上千年消化吸收
一项技术是一回事，每天面对层出不穷的新技术和创新则又是另一
回事。即便是被誉为 "划时代转变" 的桌面排版技术（Desktop
Publishing，DTP）和电脑直接制版技术（Computer-to-plate，
CTP），在今天看来，仍然只是变革的萌芽，并没有改变传统出版
的本质。正如香港商务印书馆陈万雄先生所说，"直到网络电子出
版的面世，才是真正革命的登场"③。新媒体技术超越传统技术对
出版业影响的关键在于，它是从 "出版观念、产业逻辑、业务模
式、组织架构到产成品的全方位的影响"④，其结果是出版的内涵
与外延都呈现出重大变化。

　　当然，技术对产业发展的作用归根结底要通过企业采纳新技术
来实现。伴随着新技术本身的复杂性与产业融合所引发的风险不确
定性越来越大，企业采纳新媒体技术已不再是一个单纯的技术接受
过程，而是涉及社会与技术之间复杂互动的过程，因此需要企业进

---

　　① ［美］埃弗雷特·M. 罗杰斯. 创新的扩散［M］. 辛欣，译. 北京：
中央编译出版社，2002：361-362.

　　② Albarran A B，Chan-Olmsted S M，Wirth M O. Handbook of Media
Management and Economics［M］. New Jersey：Lawrence Erlbaum Associates，
2006：251-273.

　　③ 陈万雄. 挑战与回应［J］. 编辑学刊，2001（1）：22-23.

　　④ 徐丽芳. 网络出版策略研究［D］. 武汉：武汉大学，2002.

行战略层面的调整。国外出版企业与行业协会较早地意识到这一问题，并在近几年显示出变革的决心。引领出版业创新方向的 TOC 大会（O'Reilly Tools of Change for Publishing Conference），将 2012 年的年会主题定名为"变革/向前/快速"（Change/Forward/Fast），其目的就是提醒出版商放下沉重的包袱、快速行动、大量实验。①2013 年，美国著名的书业研究集团（BISG）对其使命陈述作出调整，"图书"（book）一词被"内容"（content）所取代，其新的使命强调"为那些创造、生产和发行内容的企业和个人以及相关的机构提供行业共享的解决方案"②。一些领先的出版企业围绕目标用户，利用新媒体技术实现价值延展，如国际科技出版巨头爱思唯尔（Elsevier）就一直努力探索如何为用户提供更优质的"知识发现"与"学术咨询"服务。以上创新举措的背后无不蕴含着企业理念、商业逻辑、运行机制以及作为知识型企业最关键的人的创新。

国内方面，政府对出版企业数字化转型创新的支持力度不断提高。近几年，政府连续推出《关于进一步推进新闻出版体制改革的指导意见》《关于加快我国数字出版产业发展的若干意见》《关于发展电子书产业的意见》等纲领性文件，为企业转型提供坚实的政策保障。《数字出版业"十二五"时期规划》更是明确将"积极推动传统出版企业向数字出版转型"列为"十二五"时期发展的战略重点。除此之外，国家还推出一系列数字出版基础工程项目，如国家数字出版内容资源建设工程、电子书包及配套资源数字化工程等，为出版企业转型创新提供了较好的支撑环境。然而，与政府大力支持不相符的是，我国出版企业新媒体创新能力仍处在较低水平。仅从《2012—2013 中国数字出版产业年度报告》来看，与传统图书、报刊出版企业直接相关的数字业务收入占数字出版产

---

① 林成林. 百道研究：2012 年 TOC 数字出版大会综述［EB/OL］.［2013-07-04］. http://www.bookdao.com/article/35249/.

② BISG 2014 Sponsorship Program.［EB/OL］.［2013-07-04］. http://ftp.bisg.org/docs/BISGSponsorshipPackages2014.pdf.

业总值比重小于 3%。①《新闻出版业"十二五"时期规划》中提到，"传统新闻出版单位发展数字出版业的观念仍然落后，体制、机制改革任务十分艰巨"。由此可见，出版企业的创新问题已成为我国出版业转型升级的重大挑战。

为此，国内出版领域的专家学者进行了大量的研究，并形成了几类主要的研究路径。第一类是关注国外成熟出版企业的创新策略，试图为国内出版企业提供必要的借鉴。由于这一类研究大多借助二手资料进行分析，研究者难免忽略创新条件与基础环境之间的内在关系，无法严格区分其中的内生变量与外生变量，造成研究结论难以有效地应用于国内现实情境。第二类是基于研究者主观定性分析，抽象地提出国内外出版企业创新模式。由于缺乏严格的理论基础和方法论指导，这类研究往往容易流于形式，没有深入揭示创新模式的内在机理与客观规律。对此，有学者曾形象地描述，"综观我国对数字出版商业模式铺天盖地的总结分析，真正深入到商业模式核心要素的提炼少之又少"②。第三类是对出版企业具体的技术架构与流程进行介绍，如出版社的数字内容管理系统、按需印刷服务等。由于这类研究的作用是为出版企业提供现实可参考的技术解决方案，具有一定的实践意义，但其本质上并没有涉及出版企业为什么创新以及如何创新的管理学研究问题。通过上述分析可以清楚地看到，尽管广义上围绕出版企业创新问题的研究并不少，但实际上真正立足本土化情境，深入到我国出版业实际展开的创新采纳研究仍然十分匮乏。正如陈源蒸所指出的，国内对于数字技术在出版业应用的研究，和数字技术应用的实际情况一样，只是在出版业之外火热，很少接触到出版业自身的深入探讨。③

我国出版企业新媒体技术采纳的状况究竟怎样？哪些关键因素

---

① 郝振省.2012—2013 中国数字出版产业年度报告［M］.北京：中国书籍出版社，2013：10.

② 金更达.谈数字出版商业模式［J］.出版广角，2011（13）：18.

③ 陈源蒸.数字技术在出版业应用的几个问题［J］.大学图书馆学报，2012（6）：98-103.

影响出版企业的新媒体技术采纳绩效？我国出版企业新媒体创新困境的深层次原因又是什么？以上一系列问题既是当前出版业转型升级所面临的现实问题，同时也是亟待出版研究者回答的理论问题。只有较好地回答上述问题，把握出版企业新媒体创新的客观规律，才能从本质上推动出版业数字化转型的可持续发展。

1.2　研究目的与意义

1.2.1　研究目的

作为一项面向行业实践的研究课题，本书的研究目的是试图回答我国出版业创新发展的现实关切，即我国出版企业新媒体创新状况究竟如何，未来如何实现创新的可持续发展。然而，对于现实问题的解答，并不能仅仅依赖于经验总结，必须上升到理论高度，形成具体的研究问题，从而开展系统性的理论分析，以揭示其中的客观规律。本书基于组织创新采纳相关理论，结合中国出版业的现实情境，通过理论与实证相结合的方式，对出版企业与新媒体技术相互融合的过程展开深入剖析，同时挖掘新媒体技术采纳绩效的关键影响因素。基于上述研究结果，进一步分析我国出版企业新媒体创新所面临的现实困境，并对困境的成因及其出路展开讨论。围绕上述研究目的，本书主要探讨以下几个研究问题。

（1）我国出版企业新媒体技术采纳的基本状况如何？具体包括新媒体技术采纳绩效状况、开展新媒体业务的部门状况等。

（2）我国出版企业新媒体技术采纳过程是怎样的？本书试图从创新采纳动机、决策、实施与管理等方面，勾勒出我国出版企业新媒体技术采纳的主要环节，并对上述不同环节展开深入分析，从而廓清出版企业与新媒体技术之间相互融合的过程。

（3）影响我国出版企业新媒体技术采纳绩效的关键因素有哪些？不同因素的作用机制是怎样的？具体从外部环境因素与组织内部因素两个方面展开分析，挖掘其中的关键影响因素。

（4）我国出版企业面临创新困境的实质及其原因是什么？未

5

来如何提升出版企业的新媒体创新发展？结合我国出版企业新媒体技术采纳的相关研究结果，本书试图进一步揭示我国出版企业新媒体创新面临困境的深层次原因，并依循该逻辑方向提出促进我国出版企业新媒体创新发展的可行策略。

1.2.2　研究意义

正如 Chan-Olmsted 所指出的，传播新技术已成为传媒产业瞬息万变的背后驱动力量。① 技术的发展同样使得出版业步入到新的历史时期，出版与技术之间的内在平衡受到冲击，传统的商业模式面临深刻调整，出版企业已经到了再也无法回避新媒体技术应用的发展阶段。与此同时，面对文化与科技相互融合的历史性趋势，围绕文化传媒企业应用新技术的研究却更多止于思辨性的认识，尚缺乏规范的理论观照，这使得该领域的研究陷于经验总结有余，而系统分析不足的状况。本书针对我国出版企业新媒体技术采纳相关问题展开研究，重点是回应上述挑战，因此具有一定的现实与理论意义。

现实意义方面，本研究有助于推进我国出版企业的数字化创新与转型升级。尽管在国家宏观利好政策的驱动下，我国出版企业数字化转型取得了一定的成绩，但依然处于艰难的探索阶段，企业创新面临着诸多问题和挑战。过往的相关研究主要集中于对出版企业应用新技术现状与问题的描述性分析，但鲜有针对问题的实质以及背后的深层次原因进行解释。理论研究作用实践的重要方式是"知其然更知其所以然"。本书借助相关理论与实证方法对出版企业技术采纳问题展开研究，试图揭示出版企业新媒体创新困境的实质，并对困境产生的原因及其影响进行较为系统的分析，最终为促进出版企业新媒体创新发展提出针对性的策略建议。因此，本研究在理论作用于实践方面具有一定的积极意义。

理论意义方面，本研究有助于拓展并深化组织创新采纳研究的发展空间。目前，组织创新采纳研究领域已形成一定的积累，但大

---

① ［美］阿兰·B. 阿尔可瓦兰. 传媒经济与管理学导论［M］. 崔保国，等，译. 北京：清华大学出版社，2010：254.

多数研究是围绕工业企业的信息技术采纳行为展开，缺乏对文化传媒企业新技术采纳活动的必要关注。区别于一般企业的技术采纳行为，文化传媒企业本身的内在特性与所处的外部环境，都决定了其采纳新技术的目的和方式与一般企业存在较大差异，这本身就蕴含着巨大的研究价值。本书立足出版企业的基本特性，针对新媒体技术采纳过程与采纳绩效影响因素展开研究，既是为出版企业创新管理研究探索新的研究视角，同时也为组织创新采纳研究拓展新的发展空间，因此具有一定的理论意义。

1.3　研究方法与思路

1.3.1　研究方法

为解答上述研究问题，本研究主要采用以下研究方法。

（1）文献调研法。

文献调研法是指通过对文献的搜集、鉴别、整理和研究，形成对问题的科学认识的方法。文献调研是本研究顺利开展的基础。本书将结合我国出版企业的创新发展状况，围绕相关主题进行大量的文献搜集、梳理和归纳，形成本书的研究问题；然后在此基础上对相关文献进行整理和综述，发现当前研究的不足；此外，由于本研究具有一定的跨学科性质，在研究进行中需要通过文献调研，吸收和借鉴其他学科的成熟理论和方法，以形成本书的分析框架。

（2）问卷调查法。

问卷调查法是指调查者借助统一设计的问卷，向被调查者获取相关信息的方法。一般来说，问卷调查主要是用来发现复杂现象中其关键作用变量及变量之间的关系。[1] 本研究通过对国内出版企业新媒体/数字出版部门负责人展开问卷调查，获取出版企业关于新媒体技术采纳基本状况、采纳过程等方面的信息。另外，关于采纳

---

[1]　陈文波．基于知识视角的组织复杂信息技术吸收研究［D］．上海：复旦大学，2006.

绩效影响因素的研究，考虑到企业问卷调查对因素层次关系分析的不足，专门选择国内数字出版相关领域的专家学者，进行专家层次分析问卷调查，揭示不同层次的影响因素权重。

（3）深度访谈法。

深度访谈法在学术界主要指的是深入事实内部的半结构化访谈（semi-structured depth interview）。该方法主要具备两个特征，一是半结构化，也即部分问题是事先准备好，随着访谈过程的推进而进行必要的改进；二是深入事实内部，目的是为获取丰富的细节知识和事实之间的意义关联。① 本研究将在多个阶段采用深度访谈法，首先，在问卷设计阶段，结合本书的研究目的，笔者借助各种会议、论坛、书展等场合对部分出版专家学者进行访谈，从而对问卷进行修正和完善。其次，为了解新媒体技术采纳不同层次影响因素的具体权重，本研究构建层次分析结构模型，通过对国内新媒体与数字出版相关产业界与学界专家进行面对面访谈，请其填答层次分析问卷。最后，在案例研究部分，笔者通过掌握案例对象——天闻数媒有限公司的相关资料，结合研究目的准备半结构化问卷，然后对公司战略管理部门负责人及普通员工进行深度访谈，从而更加深入地了解出版企业新媒体技术采纳与创新发展方面的实际情况。

（4）案例研究法。

案例研究法是探索难以从所处情境中分离出来的现象时采用的研究方法。为了深入了解出版企业新媒体技术采纳情况，同时对技术采纳绩效影响因素进行补充和验证分析，本书选择中南出版传媒集团旗下的天闻数媒有限公司进行案例研究。关于案例研究的具体研究步骤详见本书第 6 章。

1.3.2 研究思路

本研究主要遵循提出问题、分析问题和解决问题的研究思路。

首先，从国内外出版企业新媒体创新发展实践与研究背景出

---

① 杨善华，孙飞宇. 作为意义探究的深度访谈 [J]. 社会学研究，2005（5）：53-68.

发，提出本书的研究问题，并对研究的意义和方法作出说明。

其次，在对重要概念进行界定后，系统梳理和评价国内外有关出版企业新媒体技术采纳的相关研究成果，结合组织创新采纳、产业融合、出版产品经济特性等相关理论，从组织创新采纳的过程范式与因素范式，建立起本研究的分析框架。

再次，根据本研究设定的分析框架，采取以定量研究为主，定性研究为辅的方式，对出版企业新媒体技术采纳过程与采纳绩效影响因素展开实证研究，并对研究结果进行全面地分析。

最后，建立在上述研究结果的基础上，结合微观与宏观层面对出版企业新媒体技术采纳的相关问题进行深入探讨，试图揭示出版企业新媒体创新发展困境的实质及其原因，并从政府和企业的角度提出促进我国出版企业创新发展的策略建议。

本研究的技术路线如图 1.1 所示。

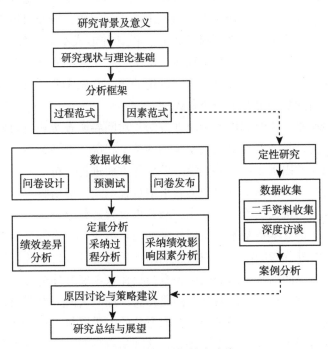

图 1.1　本研究的技术路线

1.4　本书结构

本书共分 10 章，每章的具体内容如下。

第 1 章：从当前国内外出版业创新实践出发，确立本书的研究方向，即我国出版企业新媒体技术采纳，并提出相应的研究问题与研究思路。

第 2 章：建立在研究目标与问题的基础上，首先对本研究所涉及的重要概念进行界定，然后梳理和分析国内外关于出版企业新媒体技术采纳的研究成果，并对相关研究成果进行评述。

第 3 章：结合组织创新采纳、产业融合与出版产品特性等相关理论，较为系统地分析本研究所涉及的主要理论，其中组织创新采纳相关理论包括创新采纳过程理论、TOE 框架模型、技术结构化理论，以及资源理论视角与组织学习视角的创新采纳理论成果。

第 4 章：主要围绕第 1 章所提出的研究问题，根据组织创新采纳的过程研究范式与因素研究范式，设计并形成本书的分析框架，具体针对出版企业技术采纳动机、决策、技术采纳实施与管理，以及采纳绩效影响因素等方面进行理论分析，并就主要的研究步骤及具体采用的数据分析方法进行说明。

第 5 章：综合运用各种统计方法，对问卷调查所获得数据进行定量分析，具体就新媒体技术采纳的基本状况、不同领域、组织类型和规模的出版企业的采纳绩效差异等方面进行分析。

第 6 章：本章基于组织创新采纳过程范式，对出版企业新媒体技术采纳动机、决策，以及实施与管理过程进行分析。

第 7 章：本章基于组织创新采纳因素范式，对出版企业新媒体技术采纳外部影响因素、内部影响因素进行统计分析，并采用层次分析法对不同因素之间的层次关系与具体权重展开分析。

第 8 章：本章通过典型案例研究法，选取天闻数媒有限公司作为案例对象，通过实地走访，获取充分的一手资料，对其新媒体技术采纳与创新实践开展深入研究，这既是对影响因素定量研究结果的验证和补充，也是对影响因素作用机制进一步探索。

第9章：主要对研究结果展开深入讨论，具体围绕出版企业新媒体技术采纳基本状况、采纳过程、采纳绩效影响因素等问题进行深入分析。建立在上述研究结果的基础上，本章进一步结合企业自生能力理论，从宏观层面探讨我国出版企业新媒体创新所面临困境的成因及其影响，并结合微观层面讨论，最终从政府和企业的角度提出可行的策略建议。

第10章：主要回答开篇所提出的主要研究问题，对研究结论进行系统地总结和梳理，提出本书的创新之处，同时对研究不足进行说明，并就未来研究方向作出展望。

第 2 章　出版企业新媒体技术
采纳相关研究

2.1　概念界定

对出版企业新媒体技术采纳相关概念的合理界定，是本研究得以开展的基础。以下主要对出版企业、新媒体、新媒体技术、出版企业新媒体技术采纳等概念进行界定。

2.1.1　出版企业

关于出版企业，存在广义和狭义的界定。广义的出版企业包括传统出版产业链条中内容获取加工（编辑）、复制（印刷）和传播（发行）的各类企业，其分别对应着编辑出版机构、印刷制作机构与出版物发行机构。从狭义上，一般将其中从事精神产品生产加工的营利性经济组织称为出版企业，其经营的产品类型包括图书、音像制品与电子出版物等，其中图书是其经营的主要产品类型。据此，本书结合出版企业的狭义概念，将出版企业定义为传统上以从事图书产品为主的内容加工、编辑和传播活动，以满足社会需要，实现自主经营、独立核算以营利为目的的经济组织。本书将研究对象限定在传统上以经营图书产品为主的出版企业，主要基于如下考虑：

（1）广义上不同环节的出版企业，如产业链上游的出版集团、文化传播公司等与产业链下游的新华书店、图书零售商等，在经营方式上存在明显差异。Olmsted 在《传媒经济与管理学导论》一书中提到，在分析传媒企业创新采纳时，有必要对内容与发行产品分别进行考察，因为新媒体技术对内容生产者的影响可能不同于对发行系统的影响。① 随着数字技术的引入，像印刷企业等从事将精神产品物化为出版产品业务活动的企业，甚至有可能从出版产业链中完全消失。新媒体技术最显著的特点之一是对传统图书产品形态的消解，它对出版企业生产经营方式的创新具有重大影响，这正是本书主要的研究目的。

（2）经营图书、杂志、报纸等不同产品形态的出版企业，在商业逻辑和经营理念等方面也存在较大差异。Picard 在对不同媒体产品特性的分析中，将媒体产品分为单一创意产品和连续创意产品，图书产品作为典型的单一创意产品，其经营模式核心是创意驱动，相应的企业的核心能力也主要体现在内容创造上；与之相比，杂志作为典型的连续创意产品，其经营模式的核心是概念驱动，相应的企业的核心能力体现为对内容的筛选、流程管理和概念包装。② 经营不同类型产品的企业面对的外部风险和内在压力也存在不同，Olmsted 在分析不同媒体行业的创新倾向时认为，由于相比于报纸、杂志，图书出版公司遭遇到新技术的威胁较小，它们一般不倾向于采用新技术。③ 面对新技术革命，纵然是"身处世外桃源"的图书出版企业也无法再置身事外，而国内外出版业的发展现状已经证明，唯有采取积极的态度，拥抱新技术，出版企业才能实现可持续发展。目前针对图书出版企业的创新采纳研究相对欠缺，结合我国特殊国情，研究图书类出版企业的创新采纳问题有利于弥补该领域的空白，因而本书选择以经营图书产品为主的出版企业作为研究对象。

---

① Albarran A B, Chan-Olmsted S M, Wirth M O. Handbook of Media Management and Economics [M]. New Jersey: Lawrence Erlbaum Associates, 2006: 257.

② Picard R G. Unique Characteristics and Business Dynamics of Media Products [J]. Journal of Media Business Studies, 2005, 2 (2): 61-69.

③ Albarran A B, Chan-Olmsted S M, Wirth M O. Handbook of Media Management and Economics [M]. New Jersey: Lawrence Erlbaum Associates, 2006: 259.

（3）任何实证研究都必须考虑到样本获取的可行性，以图书类出版企业作为研究对象，在我国现行的出版管理体制下具有样本选择上的便利性。由于我国出版业实行的是审批制，严格意义上的出版社是指经国家新闻出版行政管理部门审核批准并履行注册手续，从事出版活动，具有法人资格的出版机构。① 截至目前，我国经审批设立的出版社依然维持在 500 多家，尽管这并不符合出版资源市场配置的要求，但客观上为本研究的开展提供了较为可控的样本范围。当然，随着内容产业的快速发展，内容编辑加工的进一步社会化和专业化，国内实际上已存在一大批专业从事内容编辑加工的生产企业和文化工作室。正如中国音像与数字出版协会副秘书长王勤所言："这种围绕产品合格性而不断延长的产业链中的各种生产企业和生产经营活动都将或正在被列入广义出版范畴。"② 本研究在以审批设立的出版企业为主要样本对象的基础上，也兼顾实际从事内容获取和加工的民营出版企业，以确保研究结论具有相对广泛的适用性。

2.1.2　新媒体技术

·对新媒体技术的认识是建立在新媒体概念的基础上。因此，这里有必要简单回顾和梳理有关新媒体的相关概念。新媒体（New media）一词源于美国哥伦比亚广播电视网技术研究所所长戈尔德马克（P. Goldmark），1967 年，他在一份关于开发电子录像（Electronic video recording，EVR）商品的计划中首先提出了"新媒体"一词。③ 此后，美国传播政策总体特别委员会主席罗斯托（E. Rostow）在向时任美国总统尼克松提交的报告书中多处使用"新媒体"一词。④ 自此，"新媒体"用语在美国社会得以流行。

---

① 刘益，乔东亮．出版社经营管理 ［M］．北京：中国书籍出版社，2009：29.

② 王勤．从本质上谈数字出版 ［J］．出版参考，2009（19）：17-18.

③ 匡文波．"新媒体"概念辨析 ［J］．国际新闻界，2008（6）：66-69.

④ 陈刚．新媒体与广告 ［M］．北京：中国轻工业出版社，2002：1.

联合国教科文组织曾对新媒体做过一个定义，认为新媒体即网络媒体。① 清华大学熊澄宇教授认为，新媒体或数字媒体是建立在计算机信息处理技术和互联网基础之上，发挥传播功能的媒介总和，具有交互、即时、延展与融合的新特征。② 吴征认为新媒体就是"互动式数字化复合媒体"，并且提出了新媒体的四大特征，即以个人性为指向的分众媒体，信息发送者与接收者之间的充分互动性，呈现方式可在不同媒体之间任意转换，跨国界的全球化媒体。③ 中国人民大学匡文波教授认为，新媒体的严谨表述应该是"数字化互动式新媒体"，并且指出新媒体概念的相对性，其内涵会随传媒技术的进步而不断发展，他将新媒体定义为利用数字技术，通过计算机网络、无线通信网、卫星等渠道，以及电脑、手机、数字电视机等终端，向用户提供信息和服务的传播形态。当然，针对新媒体的交互性，有学者提出了不同看法，马为公与罗青认为，狭义的新媒体概念将缺乏互动性的媒体形态排除在外，不利于从宏观和传播未来的发展领域对新媒体进行深入认识和研究，从用户与媒体的交互程度来看，现阶段不少新媒体还只是在一定程度上实现了"有限交互"。④ 与此同时，有学者照顾到媒体发展的颠覆性与渐进性，将新媒体细分为两类，一类是传播新技术带来的以前不曾有过的媒体形态；另一类是受传播新技术影响，传统的媒介形态发生了变化。⑤

关于新媒体技术，目前尚没有特别明确的定义。约翰·帕夫利克（John V. Pavlik）在其所著的《新媒体技术——文化和商业前

① 蒋宏，徐剑. 新媒体导论 [M]. 上海：上海交通大学出版社，2006：13.

② 熊澄宇，廖毅文. 新媒体——伊拉克战争中的达摩克利斯之剑. [EB/OL].［2013-07-04］. http://news. xinhuanet. com/newmedia/2003-06/10/content_910340. htm.

③ 吴征. 媒体业发展趋势与新媒体的文化使命 [EB/OL].［2013-08-10］. http://tech. sina. com. cn/it/t/66496. shtml.

④ 马为公，罗青. 新媒体传播 [M]. 北京：中国传媒大学出版社，2011：9.

⑤ 彭彭. 传播新技术的社会风险及其治理 [D]. 武汉：武汉大学，2009.

景》一书中也没有对新媒体技术直接作出定义，但他认为建构新媒体技术框架的有效方式是从技术的基本功能角度，即生产、发送、显示和存储等环节来阐述。① 彭彪认为，新媒体是传播新技术的实现形式和外在载体，传播新技术主要指数字技术、网络技术以及现代通信技术等。② 这里所说的传播新技术可以被视为对新媒体技术的广义理解。一般认为，新媒体技术与数字媒体技术是基本相同的概念，刘智认为，数字媒体技术指的是以通过计算机技术和网络通信技术手段，综合处理文字、声音、图形、图像等媒体信息，实现数字媒体的表示、记录、处理、存储、传输、显示、管理等各个环节，使抽象的信息变成可感知、可管理和可交互的一种软硬件技术，其应用范围包括数字影视、数字游戏、数字出版等领域。③ 佛罗里达大学的 Chan-Olmsted 在构建传媒企业采用创新/技术理论框架的研究中，提出了新媒体技术的概念，它指的是一件产品、一项服务、一个系统或者一个过程，它被用来改变或增加大众媒体产品的消费量，并且被所采用的公司视为新事物，例如，可视图文系统、网络广播、数字电视、高清电视等。④ 这里新媒体技术不包括内部思想和过程（比如仅仅提高内部生产效率的技术），因为它们并不影响媒介服务或产品的最终输出或消费。该定义主要从产品和服务的角度对新媒体技术进行了狭义的界定，有利于在此基础上开展理论和实证研究。

根据上述学者的定义，可以看出，围绕新媒体技术，存在广义和狭义的界定。广义上，新媒体技术被视作与媒介传播相关的数字技术、网络技术和现代通信技术，相当于当下传媒企业所面临的外部技术环境。狭义的新媒体技术并非数字与网络技术等基础性底层

① ［美］约翰·帕夫利克. 新媒体技术：文化与商业前景 ［M］. 周勇，译. 北京：清华大学出版社，2005：2
② 彭彪. 传播新技术的社会风险及其治理 ［D］. 武汉：武汉大学，2009.
③ 刘智. 浅谈数字媒体技术 ［J］. 计算机与网络，2010（28）：251.
④ ［美］阿兰·B. 阿尔可瓦兰. 传媒经济与管理学导论 ［M］. 崔保国，等，译. 北京：清华大学出版社，2010：238.

技术，而是媒介产业融合背景下的应用性技术，它是企业对媒体信息和内容进行处理，经过加工、存储、发布等环节，形成新型媒体产品的软硬件技术，它既包括新媒体产品或服务本身，也包括面向这种新媒体产品的流程或系统。

结合本书的研究目的，笔者将新媒体技术定义为基于计算机技术和网络通信技术手段，被出版企业用来生产、加工并形成新型媒体产品形态的软硬件技术。在这里，笔者选择将产品形态作为新媒体技术定义的落脚点，主要基于如下考虑：

（1）出版企业采纳新媒体技术是在产业融合的背景下发生的，与应用于传统出版流程和内部管理的信息化技术不同，新媒体技术最主要的特点在于对图书产品形态的消解，并在此基础上形成新的融合产品，而出版企业采纳新技术的重点也主要体现在围绕新媒体产品的商业策略设计上。因此，从产品形态角度切入比较容易理解和把握企业的新技术采纳行为。

（2）广义的新媒体技术远远超过了出版业的范畴，包含了电信业、传媒业、信息业等多个产业，而要将新媒体技术作为出版企业技术采纳的对象进行研究，必须是能落实到与具体产品相关的技术，以便有利于在实证调查中采集相应的数据。

（3）考虑到图书出版企业与其他传媒企业的客观差异性，从产品角度切入能够有效界定当下对我国出版企业新媒体创新活动的边界，排除了其他传媒企业广泛使用到的新媒体技术，如网络电视、数字广播等，从而更加集中地探讨图书出版企业的创新规律。

2.1.3 出版企业新媒体技术采纳

新媒体技术采纳的界定是本研究开展的关键。一般而言，采纳指的是个体与组织对新技术的认识和执行的过程，创新采纳就是接受和持续使用一种创新。① Damanpour 首次基于企业层面提出创新

---

① Taylor J，McAdam R. Innovation adoption and implementation in organizations：a review and critique［J］. Journal of General Management，2004，30（1）：16.

采纳的概念，认为创新采纳是一种组织为适应环境变化和提升或保持自身竞争优势而采取的组织运行手段。① 尽管不同定义存在一定的差异，但学者普遍都将创新采纳视作一种过程，并根据相应的过程，将创新采纳分为采纳意愿、采纳决策、采纳拒绝、采纳后使用等不同阶段。朱丽献综合国内外学者的观点提出，企业技术创新采纳是企业做出使用一项技术创新并实现市场化目标的复杂决策过程。②

综合以上对出版企业、新媒体技术和企业技术创新采纳的界定，本书认为，出版企业新媒体技术采纳是指出版企业接受并使用新媒体技术，以期实现市场化目标的复杂决策和管理过程。需要指出的是，过往的研究表明，组织创新采纳理论一般针对信息技术（系统）采纳行为，围绕新媒体技术的研究相对较少。区别于一般的信息技术采纳，新媒体技术采纳行为有其明显的特殊性。首先，新媒体技术采纳是在传媒等相关产业融合背景下出现的企业创新行为，与产业分立格局下主要局限于提高企业生产效率的技术行为存在明显的不同，其行为更多涉及对企业创新策略、商业逻辑的全面调整，具有明显的战略性。其次，由于新媒体技术采纳本身带有开拓新业务的内在诉求，客观上对企业传统业务存在一定的颠覆性，因此，相应研究的重点更多集中在探索如何在不确定的商业环境下，发挥新媒体技术的潜在价值。当然，尽管与传统信息技术采纳行为相比，新媒体技术采纳在其方式与内涵上都发生了重大变化，但这并没有改变出版企业作为技术采纳者的角色定位。根据Dampour 和 Wischnevsky 的研究，创新组织可以分为创新生成者（Innovation-generating Organization，IGO）与创新采纳者（Innovation-adopting Organization，IAO），前者是技术创新的供给方，其创新的结果是产生新的产品、服务或技术，后者是技术创新

---

① Damanpour F, Gopalakerishnan S. The dynamics of the adoption of product and process innovations in organizations [J]. Journal of Management Studies, 2001, 38（1）: 45-65.

② 朱丽献. 企业技术创新采纳研究 [D]. 沈阳: 东北大学, 2008.

的接受方，其创新的结果是吸收新的产品、服务或技术，并使其与企业相互融合。① 根据出版企业的创新方式，可以看到出版企业的主要职能是利用新技术来实现信息和内容服务的商业目标，而非创造技术本身，因此，将其界定为技术采纳者具有较为充分的合理性。此外，考虑到技术创新采纳从属于技术创新的范畴界定，新媒体技术采纳从广义上可以被视为一种新媒体创新活动，而在目前出版业创新发展的现实背景下，这种新媒体创新活动主要表现为出版企业开展新媒体或数字出版业务。

2.2　国外研究现状

随着信息时代的到来，出版活动的复杂性大大超过以往，西方学者较早意识到新技术所带来的革命性影响，甚至将其视为"范式的转变"（Paradigm shift），② 众多的研究著作反映出学者对该问题的关切。③④ 关于出版企业技术问题的研究，早期主要集中于信息传播技术对出版业的影响，以及相应环境下出版企业的应对策略与商业模式。近几年来，随着研究方法和条件的成熟，深入出版企业内部，围绕技术采纳、数字化转型等命题所开展的研究开始受到重视。

2.2.1　新技术对出版业的影响

2000 年前后，网络技术开始以潮流之势波及出版领域。Ronte

---

① Damanpour F, Wischnevsky J D. Research on innovation in organizations: distinguishing innovation-generating from innovation-adopting organizations [J]. Journal of Engineering and Technology Management, 2006, 23 (4): 269-291.

② Eisenhart D M. Publishing in the Information Age: A New Management Framework for the Digital Era [M]. Westport: Quorum Books, 1994: 15.

③ Forschung, et al. The Content Challenge: Electronic Publishing and the New Content Industries [M]. European Commission, 1997.

④ Epstein J. Book Business: Publishing Past, Present, and Future [M]. New york: W. W. Norton, 2002.

认为，相较之过往的各种技术，今天的技术对出版业的影响更多呈现出颠覆性的影响。① 其中互联网、按需印刷和电子书是驱动产业变革的主要力量，涉及出版业价值链的方方面面，包括图书出版方式（去中间化）、传播销售方式（网络市场）和阅读方式（电子阅读器）等。Vaara 从技术、企业和产业的角度分析了出版企业所面临的颠覆性技术的挑战。② 从技术角度看，数字化重新定义了图书价值及其在知识传播中的角色，这使得其对出版企业现有的商业模式造成冲击。从行业层面看，数字化降低了行业门槛，对图书出版业的价值体系造成破坏。对于出版企业来说，影响其数字化战略成功的关键在于能否实现企业内部"资源—流程—价值观"（RPV）的转换，由此重塑全新的商业模式。Wicker 认为，数字化已经不再是传统纸质出版业务的扩展功能，而日益成为出版企业的核心业务，驱动这一变化的原因：一是智能手机、平板电脑等终端设备的快速普及；二是出版企业作为内容企业在创建数字化企业过程中所具备的天然优势。③

当然，从价值链视角看，新技术对出版商未尝不是一种机遇。电子商务技术在改变现有出版流程的同时，更有可能为其提供强有力的互补功能支持。④ Bide 从读者视角出发提出"信息价值链"，具体包括筛选、促进获取、开发、集成、导航和保证权威性六个阶段⑤，出版商可以根据自身特点在信息价值链中寻找机会。Isakson

---

① Ronte. The impact of technology on publishing [J]. Publishing Research Quarterly, 2001, 16 (4): 11-22.

② Vaara M. Digital disruption faced by the book publishing industry [D]. Tampere: University of Tampere Master Thesis, 2010 (9).

③ Wicker J. The digital publishing enterprise [EB/OL]. [2013-08-10]. http://www.tcs.com/SiteCollectionDocuments/Insights/Consulting-Insights-Digital-Enterprise-0213-1.pdf.

④ Scupola A. The impact of electronic commerce on the publishing industry: towards a business value complementarity framework of electronic publishing [J]. Journal of Information Science, 1999, 25 (2): 133-145.

⑤ Bide M. Adding value in electronic publishing - taking the reader's perspective [J]. Business Information Review, 2002, 19 (1): 55-60.

以企鹅澳大利亚公司与寂寞星球公司为例，探讨如何利用虚拟社群以拉近与消费者之间的距离①。英国在《知识经济时代的出版业》报告中分析了英国图书出版商未来三年和十年所面临的机遇和挑战②，其中利用电子商务技术创建新的产品和服务、优化现有的生产和销售流程、与消费者建立更紧密的关系被认为是未来三年的重要机遇；而经济衰退、业外企业进入图书市场则被视作未来十年将面临的重大挑战；技术是影响未来出版业发展的关键驱动因素。在驱动数字出版发展的成功因素中，满足消费者变化的需求占据首要位置。

　　Godine 从出版史的角度审视出版商角色与地位的变迁。③ 在过去，出版商所扮演的角色主要是仲裁者，对阅读品位，内容的组合、设计与呈现，以及相应的版本和价格具有决定权；而随着近 20 年来个人电脑的大范围普及，人们不仅拥有创作热情，同时还具备组合成书的能力，在这种背景下，出版商作为社会文化与图书对外公开传播等重要决策的仲裁者的角色受到严重质疑。值得注意的是，从技术角度分析，传统出版物的内容、样式和载体形态被统一在出版商范围内，而电子图书则出现三者归属于不同主体的可能性，比如其内容、样式和载体形态分别归属于作者、格式转换服务商与阅读设备提供商等，这会带来新的利益冲突。除此之外，电子书的发展对支撑书业持续运转的版权与合同模式构成挑战，其中挑战主要有两方面：一是快速变化的数字内容市场与标准的图书版权合同之间的不协调；二是针对电子书中图片作品的相关权利存在较

————————————

　　① 　Isakson C. Australian book publishing and the internet：how two Australian book publishingcompanies are using the internet to engage with customers［J］. Asia Pacific Public Relations，2010（11）：65-74.

　　② 　Publishing in the knowledge economy［EB/OL］.［2013-07-04］. http：//www. berr. gov. uk/files/file13777. pdf.

　　③ 　Godine D R. The Role and Future of the Traditional Book Publisher［J］. Publishing Research Quarterly，2011（27）：332-337.

大的复杂性。①

从全球范围来看，不同国家出版业在应用新媒体技术上的发展是不平衡的，调查显示，74%的新加坡出版商从事电子出版，印度只有35%的出版商从事电子出版。② 像加拿大等以中小出版企业为主体的国家，对数字出版发展则表现出悲观情绪，出版企业往往因为缺乏必要的支持而难以应对变化的新环境。③ 为此，加拿大出版商协会推出相关措施，包括鼓励和帮助出版企业接受与自身商业模式相匹配的新的实践，针对数字化服务、数字资产管理等议题开办专业会议，建立包括律师、技术专家、数字营销专家在内的核心指导团队，围绕数字出版活动继续开展研究，寻求行业外与政府的必要支持。

从图2.1可以看出，不同出版门类之间的数字化进程也存在较大差异。专业类图书在数字化速度和程度的表现上明显超过其他类别，消费类图书表现居中，而宗教类与儿童类图书则由于目标用户尚没有出现大规模的数字化迁移而进展缓慢。④ 虽然在众多出版门类中，学术出版商较早采纳并成功运用网络技术，但当遇到开放存取这一全新的出版模式时，早期大型出版商仍普遍存在很强的抵触情绪。⑤ 然而近几年，包括施普林格（Springer Group）、约翰·威

---

① Williams E. Copyright, E-books and the Unpredictable Future ［J］. Publishing Research Quarterly，2011（27）：19-25.

② Ramiah C K. Electronic publishing trends in India ［J］. Serials，2006，19（2）：142-155.

③ Davy D. The Impact of Digitization on the book industry ［EB/OL］. ［2013-08-10］. http：//www. omdc. on. ca/Assets/Research/Research＋Reports/The＋Impact＋of＋Digitization＋on＋the＋Book＋Industry/The_Impact_of_Digitization_on_the_Book_Industry. pdf.

④ Ronte H. The impact of technology on publishing ［J］. Publishing Research Quarterly，2001，16（4）：11-22.

⑤ Björk B C，Hedlund T. Two scenarios for how scholarly publishers could change their business model to open access ［J/OL］. ［2013-08-10］. Journal of Electronic Publishing，2009. http：//quod. lib. umich. edu/cgi/t/text/idx/j/jep/3336451. 0012. 102/--two-scenarios-for-how-scholarly-publishers-could-change？rgn＝main；view＝fulltext.

利（John Wiley & Sons，Inc.）在内的学术出版商开始逐渐采纳开放存取出版，并建立起新的商业模式。由此可见，出版企业技术采纳行为会受到技术本身特性及内外部多种因素的相互作用和影响。

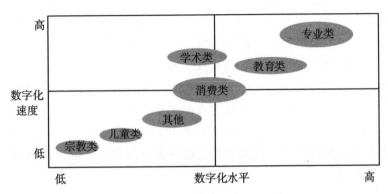

图 2.1　不同出版门类的数字化进程

2.2.2　出版企业新媒体技术采纳影响因素与策略

从外部环境来看，消费者需求是否能够支撑电子书市场的兴起，换言之，市场的不确定性，是左右出版企业建立全新商业模式的关键。① 而从企业内部来看，管理者对数字化的态度以及企业在开展新业务方面的经验则是重要的影响因素。② Anthoney 具体分析了英国儿童图书出版企业应对多媒体市场的挑战，并指出出版企业在该领域获得成功的关键要素：良好的企业文化、内部架构和流程、企业在多媒体市场的品牌形象、组织学习氛围，以及企业

---

① Cameron L, Bazelon C. The Impact of Digitization on Business Models in Copyright-Driven Industries［EB/OL］.［2013-08-10］.http://sites. nationalacademies.org/ xpedio/groups/pgasite/documents/webpage/pga_063398. pdf.

② Tian X, Martin B. Business models in digital book publishing：some insights from Australia ［J］. Publishing Research Quarterly，2009，25（2）：73-88.

创造性等。① BarNir 等通过对 150 家杂志企业开展实际调查，研究企业年龄、规模与参与业务流程数字化倾向之间的关系，研究发现，企业年龄与规模在其业务流程数字化的程度和方式上存在显著差异，基于网络的流程数字化与创新战略和低成本战略都具有相关性。② Tian 对澳大利亚数字出版发展进行实证研究发现，澳大利亚图书出版商在技术采纳方面较为注重实效，这主要受当前市场状况和早期技术应用失败经验的影响。③ 在具体的技术应用方面，内容管理和客户关系管理较为普及，网络技术最为普及，类似语义网等具有潜在颠覆性的技术采纳较少。Kranenburg 等人对面临新技术挑战背景下的荷兰出版企业的投资战略进行实证研究，结果显示，行业领先的出版企业主要集中于互联网、电子商务及其他电子产品和服务的多元化发展，这些公司倾向于采取渐进性的多元化策略。④

　　电子书应用软件，也即一般所说的电子书 3.0 是一个颇具潜力的数字出版市场，但对小型出版商来说，进入该市场面临着诸多挑战，包括开发成本、价格、版权期限等因素。为此，Horne 提出了相应的解决方案，他认为在传统的以文本为基础的电子书与未来的增强型电子书之间需要有一种过渡性产品形态，以保证出版商合理

---

① Anthoney A. The UK children's publishing house-adapting to change for the multimedia market［J］. The Electronic Library, 2000, 18（4）: 269-278.

② BarNir A, Gallaugher J M, Auger P. Business process digitization, strategy, and the impact of firm age and size: the case of the magazine publishing industry［J］. Journal of Business Venturing, 2003, 18（6）: 789-814.

③ Tian X, Martin B, Deng H. The impact of digitization on business models for publishing: some indicators from a research project［J］. Journal of Systems and Information Technology, 1997, 10（3）: 232 - 250.

④ Kranenburg H, Cloodt M, Hagedoorn J. An exploratory study of recent trends in the diversification of Dutch publishing companies in the Multimedia and Information Industries［J］. International Studies of Management and Organization, 2001, 31（1）: 64-86.

的成本收益，同时考虑众筹型的电子书应用开发。① 与此同时，面对火热的电子书3.0市场，行业专家提醒出版业要注意吸取唱片业在数字化转型中消亡的教训。②

过去，传媒领域新技术采纳的研究重点一直是在终端用户层面，Lin在其创建的互动传播技术采纳模型中提出，包括市场竞争在内的系统因素会对新媒体技术扩散产生较大影响。③ 因此，传媒企业对新媒体技术的采纳，以及将新媒体产品/服务商业化的过程是该技术在社会领域扩散的重要前提。Chan-Olmsted针对传媒企业的新媒体技术采纳提出了相对系统的理论框架（见图2.2），其中包括八组影响因素，分别是企业与新媒体技术特征、战略网络、感知战略价值、可替代性、市场状况、竞争、监管政策。④ 虽然该模型尚没有经过较为广泛的实证检验，但给包括出版企业在内的传媒企业新媒体技术采纳研究奠定了良好的框架基础。

当许多人为新技术究竟给出版企业带来积极还是消极的影响而左右迟疑时，《经济学家》一篇文章的观点无疑是富有见地的。"出版活动中唯一不可获缺的两个参与者是读者与作者，技术的重要价值在于拉近两者之间的距离，如果企业是出于这样的目的而利用技术，技术将使出版产业更富有效率；反之将会受到技术的惩罚。"⑤

---

① Horne L K. Apps：a practical approach to trade and co-financed book apps ［J］. Publishing research quarterly，2012，28（1）：17-22.

② Hollander S. Listen to the music：lessons for publishers from record labels' digital debut decade ［J］. Publishing research quarterly，2011，27（1）：26-35.

③ Lin C A. An interactive communication technology adoption model ［J］. Communication Theory，2003，13（4）：345-365.

④ Albarran A B，Chan-Olmsted S M，Wirth M O. Handbook of Media Management and Economics ［M］. New Jersey：Lawrence Erlbaum Associates，2006：261.

⑤ Publishers worry as new technologies transform their industry ［EB/OL］. ［2013-08-15］. http：//www. economist. com/node/11504752.

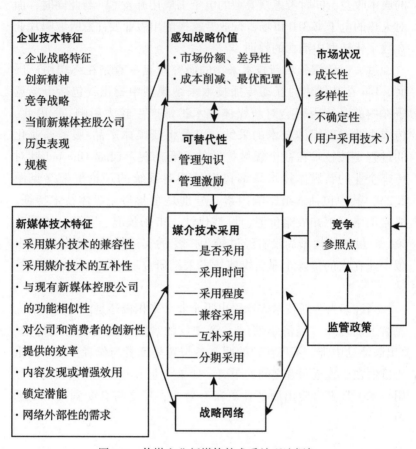

图 2.2　传媒企业新媒体技术采纳理论框架

2.2.3　小结

通过对国外相关研究成果的梳理发现，相较于中国出版业，西方出版业是在相对稳定成熟的发展阶段迎来新媒体技术的挑战，因此该领域学者更着重于探寻出版与技术的一般性规律，比如新技术所具有的去中间化特性与互补特征，以及不同门类数字化程度的差异表现等。另外，西方出版学者延续既有的开放研究传统，善于从出版史、传播学与社会学等多个视角审视出版与技术之间的互动关系。而借由传媒领域的新媒体技术采纳模型，也为相关的实证研究提供了必要的理论基础，当然，面向图书出版领域的系统性实证研究仍未出现。另外，一直以来，无论是出版产业，还是出版研究的重镇都主要集中于英美等发达国家，对日益全球化的出版业来说，关注新兴市场国家出版数字化转型的力度仍显不足，毕竟在经济社会剧烈变化、市场环境尤其是法律环境相对不成熟的地区，出版企业采纳新技术的动机与相关影响因素也会存在一定的差异，这需要非西方主流国家的出版研究者作出更大的贡献。

2.3　国内研究现状

国内方面，关于出版企业技术问题的讨论是在近十年兴起来的研究热点，从 2003 年前后出现一些零散的讨论，到目前已形成较大的规模。从研究的技术对象来看，早期主要关注应用于传统出版流程的信息化技术，包括编务、发行管理信息系统等，后期主要以应用于数字出版活动的新媒体技术为主，包括电子书、移动阅读应用、电子书包等。技术类型的变化拓展了研究视野和范围，不仅需要关注企业内部生产流程，还需要深入洞察市场环境和用户需求的变化。

2.3.1　新技术对出版业的影响

一般认为，新技术对出版业的影响是机会和挑战并存，前者成为驱动出版业转型升级的技术动因，后者则意味着对传统竞争态势乃至固有商业逻辑的颠覆。①② 当然，如果抛开非黑即白的定势思维，我们会发现，真正对传统出版业产生实质影响的并不是技术本身，而是由技术所引发的传播范式、商业逻辑，乃至制度体系的深

① 周晏. 技术力量对传统出版产业的影响 [D]. 北京：北京印刷学院，2010.

② 史旻星. 新技术新媒体驱动下的出版业 [J]. 出版广角，2010（2）：21.

层次变化。

文化冲突是出版业在数字化转型中的重要方面，夏德元认为，文化冲突是阻碍传统出版数字化转型最重要的原因，这种冲突体现在社会政治、经济、法律、文化生活的诸多层面。① 彭文波从传播学视角出发，探讨新媒体技术对传播链上各个环节的影响，主要体现在以下几个方面：（1）出版主体日益多元化，出版企业把关功能弱化；（2）内容凸显核心价值，高质量内容成稀缺资源；（3）媒介相互渗透，内容与载体呈分离趋势；（4）阅读需求个性化，新媒体价值凸显；（5）技术与文化影响加深，出版管理面临新的挑战。② 对于一个延续上千年的行业来说，与其说是接受一种明确的积极或消极影响，不如说是接受一种持续变化的商业环境。③ 单纯沿用过去的发展规律来推断未来出版格局的演变，难免有犯经验主义错误的嫌疑。吴丹将技术进步与出版发展置于社会生产力与社会需求提升的大背景之下，指出它们与社会系统间的协调程度呈正相关。④ 在社会系统的影响下，两者互动表现为直接推动力和间接影响力两种形式，前者时效快、强度高、指向明确，后者则是一种长期的潜移默化的影响，以"塑造"和"形成"的方式影响技术进步，又以反映和细化社会需求的方式影响出版发展。新媒体技术对于建立在传统出版体系下的法律基础设施也会构成显著的影响，传统出版业在数字化转型过程中对相关政策标准具有强烈的需求，包括数字出版范围的界定、数字出版元数据等基础性标准⑤，以及

---

① 夏德元. 中国出版数字化转型中的文化冲突 [J]. 学术月刊，2010 (4)：22-28.

② 彭文波. 新媒体对我国出版业的影响及创新对策研究 [D]. 北京：北京印刷学院，2008

③ 任翔. 信息传播技术（ICT）对出版产业的影响 [J]. 黑龙江科技信息，2008（34）：260.

④ 吴丹. 技术进步与出版发展互动研究 [D]. 北京：中国人民大学，2008.

⑤ 黄先蓉，刘菡. 传统出版业数字化转型的政策需求与制度、模式创新 [J]. 中国编辑，2011（1）：13-18.

重建数字版权利益平衡点①等问题。此外，版权质押融资法律制度体系等也将是数字技术环境下迫切需要解决的重要问题。②

2.3.2　出版企业新媒体技术采纳影响因素

通过数据库检索发现，关于出版企业技术采纳影响因素的研究文献比较少，而且主要以定性分析为主。黄京华等人在提出传统企业电子商务系统成功影响因素模型后，以我国图书出版行业为实证研究对象，验证了模型的正确性，识别出客户、战略、技术因素和网站综合性能四大关键成功因素。③ 曾建勋、司静辉在定性分析的基础上提出我国科技期刊数字化出版的成长因素，首先是外部因素，包括政策因素、经济因素、技术因素和文化因素四个方面；其次是内部因素，包括产业链结构、出版流程、经营管理、人才资源、服务方式以及产权保护等。④ 汪曙华从我国出版业特殊性、出版社规模因素与决策者因素三个方面系统分析了我国出版企业实施 ERP 的制约因素。⑤ 在诸多文献中，数字出版政策法律法规建设，尤其是数字版权保护体系⑥普遍被视作重要的外部影响因素，而传统出版企业本身的观念意识和参与热情⑦则被视作重要的内部影响

①　黄先蓉，李魏娟. 从 SOPA 的博弈看美国数字出版法律制度的利益平衡 [J]. 现代出版，2012（11）：59-62.

②　俞锋，李海龙. 论数字出版企业版权质押融资法律制度体系的完善 [J]. 中国出版，2012（14）：7-9

③　黄京华，赵纯均，李静婷. 图书出版行业电子商务系统关键成功因素实证研究 [J]. 系统工程理论与实践，2006（2）：27-35.

④　曾建勋，司静辉. 我国科技期刊数字化出版成长因素构成分析 [EB/OL]. [2013-08-15]. http：//zt. cast. org. cn/n435777/n435799/n1105056/n12644369/12649307. html.

⑤　汪曙华. 我国出版业应用 ERP 实现管理信息化的趋势及掣肘 [J]. 怀化学院学报，2007，26（8）：26-28.

⑥　彭文波. 新媒体对我国出版业的影响及创新 [D]. 北京：北京印刷学院，2008.

⑦　何格夫. 当前制约我国数字出版发展的六个因素 [J]. 编辑之友，2008（2）：29-31.

因素。除此之外，出版企业对数字内容的掌控能力，对用户需求的把握，以及培养相应的技术管理人才等问题也都在技术采纳研究中受到广泛关注。客观地说，技术创新不能脱离特定的制度环境来探讨，传统出版业的制度惯性或许是上述问题产生的重要原因之一。张大伟认为，这种制度惯性在准入许可、盈利模式、有效监管方面体现得尤为突出。① 要提升出版企业对新技术的敏感性并不是单纯依靠资金投入就能实现，而是需要打破受保护的制度惯性，从而发挥出资源与技术的最大潜能。准入许可与开放自由的互联网精神之间的深层次矛盾，必然影响到数字出版产业的可持续发展。

2.3.3　出版企业新媒体技术采纳策略

广义上来看，出版企业的发展已步入到技术创新阶段，至少在一定程度上成为文化与科技融合的实际载体。有学者更是将出版企业技术创新系统视作一个复杂适应性系统，体现出多主体多层次、开放和动态演化的特征。② 然而，相比于一般高科技企业，出版企业并非以直接的技术创新为驱动力量，无论是从出版史③的角度考察，还是从出版企业核心能力④视角观察，技术因素在出版活动中的价值更多体现在"手段"层面。紧紧围绕出版企业的战略目标，进行必要的技术适配，是现阶段较为理性的选择。"内容为体，技术为用"⑤ 是对两者关系的合理定位。有学者主张，出版企业与新媒体之间应保持一种良性的竞合关系，从而把握新媒体特性，找到

---

① 张大伟. 技术进步与制度惯性：对中国数字出版产业发展的一种思考 [J]. 东岳论丛，2009，30（11）：154-157.

② 原继东，王树恩. 基于 CAS 的出版企业技术创新行为模式研究 [J]. 科学管理研究，2011，29（4）：32-36.

③ 王清. 技术因素对现代出版起源的作用与评价 [J]. 新闻出版交流，2001（2）：8-10.

④ 应中伟. 中国出版企业核心能力研究 [D]. 广州：暨南大学，2006（4）：48.

⑤ 方卿. 论数字出版产业发展中的五大关系 [J]. 编辑学刊，2013（1）：14-18.

出版与技术嫁接的最佳方式。① 对于出版与技术之间相互融合的方式，主要体现在数字出版相关概念的界定上。徐丽芳教授指出，数字出版具有较强的灵活性，是从出版过程到出版产品全面数字化的一种全新出版形态，而利用数字技术完成出版某些环节的做法，更适宜称为出版的数字化。② 区分传统出版的数字化与基于新媒体的数字化出版，绝不是在玩文字游戏。尽管两者都属于广义的数字出版范畴，同样以数字技术为依托，但两者在传播主体与传播内容上存在显著差异，前者主要是利用单一的数字技术对纸质内容进行数字化转换，而后者则完全面向用户需求，充分利用各种数字技术，挖掘数字内容的巨大潜力，创造新兴的商业模式③。

针对新媒体技术采纳的策略问题，不同学者从各自角度提出相应的策略。徐丽芳教授从商业模式、组织策略、营销手段等方面系统提出了网络出版的关键策略④，尤其是结合经典营销学及相关理论，提出网络出版产品、价格与促销策略。通过对国际知名出版集团新媒体运营策略的总结，张志林与彭文波提出以用户阅读为导向的新媒体服务策略、以内容保护增值为核心的新媒体整合策略、以出版物推广为目的的新媒体营销策略和以全球化为视角的新媒体本地化战略。⑤ 围绕新技术环境下的出版企业数字化转型，代杨认为，出版企业应将自身定位于数字内容提供商，积极发展跨媒体出版，并围绕数字出版对企业的管理机制进行创新。⑥ 刘寒娥则重点

---

① 钟丽君. 传统出版与新媒体嫁接的方式探究 [J]. 出版发行研究，2010（8）：46-47.

② 徐丽芳. 数字出版概念与形态 [J]. 出版发行研究，2005（7）：5-12.

③ 唐沺，陈丹. 传统出版的数字化和数字化出版的比较研究 [J]. 陕西广播电视大学学报，2011，13（2）：70-73.

④ 徐丽芳. 网络出版策略研究 [D]. 武汉：武汉大学，2002.

⑤ 张志林，彭文波. 国际出版集团新媒体发展策略 [J]. 编辑之友，2007（4）：50-52.

⑥ 代杨. 新技术环境下出版企业的数字转型 [J]. 出版科学，2008（5）：80-83.

强调构建立体化的数字出版格局，实现跨行业的深度战略合作，同时整合资源优势，探索多元化的盈利模式。① 作为移动互联网的重要应用形式，阅读 APP 被认为具有广阔前景，文艳霞认为阅读 APP 需要将内容的优化选择与及时更新相结合，内容的视觉享受与方便实用相结合。②

　　同样是数字化转型，对于不同类型或规模的出版企业而言，转型的路径和策略存在较大差异。卢丽莉从出版类型与出版规模两个视角分析了数字化转型路径，针对不同出版类型，专业出版适合采取基于结构化的定制模式，教育出版应转化为数字信息服务模式，大众出版则更需强调与市场的互动；针对不同出版规模，大型出版企业应强调对产业链的主导地位，着重从资源的深加工、全方位整合等方面开展工作，中小出版企业则应在国家政策、资金扶持的前提下寻求特色化经营。③ 合理的定位是企业构建合理的商业模式的逻辑起点，出版企业在产品定位上需要明确目标市场，确定服务对象；在渠道定位上一方面与上游作者合作，另一方面与平台运营商合作；对于中小出版企业来说，转型过程中的差异化策略则显得更为重要。④ 任殿顺结合双边市场理论，对数字出版产品定价，以及出版企业多平台接入条件下与平台企业的博弈策略进行分析，并针对不同出版类别特点，提出大众出版在数字化转型中需要注重内容的娱乐性与易得性，教育出版则需注重互动性与体验性，专业出版需要注重资源的系统性并提高附加值。⑤

---

　　① 刘寒娥. 传统出版业数字出版发展策略探析 [J]. 编辑之友，2010（4）：42-44.
　　② 文艳霞. 阅读类 App 的发展与出版机构的对策 [J]. 科技与出版，2012（7）：10-12.
　　③ 卢丽莉. 我国传统图书数字化转型的路径研究 [D]. 合肥：中国科学技术大学，2011.
　　④ 程海燕，隋立明，束义明，杨庆国. 传统出版企业的数字化转型定位策略 [J]. 出版参考，2011（20）：17-18.
　　⑤ 任殿顺. 出版业数字化转型研究——基于双边市场理论 [D]. 北京：中国人民大学，2011.

2.3.4 出版企业新媒体管理创新

技术创新离不开必要的管理创新，对于开展新媒体业务来说同样如此。陶喜红认为，管理方式创新与组织结构创新对出版集团的技术创新以及价值链的重构具有重要意义，出版集团通过实行资源计划，能够优化集团内外部资源配置，在既定成本范围内创造更多的价值。① 传统出版企业的组织架构带有很强的计划经济特性，但当出版企业进入到以网络产业为主导的新型经济形态，传统的垂直、多层次和职能化的组织结构就遇到了严重挑战，迫切需要进行组织结构层面的创新。赵金楼认为，出版企业首先应适应网络经济环境特性，建立起扁平化、虚拟化的网络组织结构；其次减少组织层级，向纵向一体化过渡；再次改变单纯功能分工的组织方式，建立以流程为导向的项目团队；最后实现内部市场化，使组织内部各个单元形成各自的利润中心。② 朱静雯与胡誉耀从技术、人文与经济三个层面探讨出版企业在数字化环境下的公司治理问题，其中包括出版企业治理环境虚拟化、推动公司治理管理系统开发，以及为应对数字出版市场激烈竞争而提升企业管理能力和经营水平。③ 除了组织结构，绩效管理同样是管理创新的重要一环。王勇安通过对多种绩效管理方法和模型的分析，针对出版企业的特点，提出以平衡计分卡为核心，以目标管理、关键绩效管理、360 度反馈评价法为辅助的绩效管理系统的建构方案，最终促使出版企业内部的工作团队与个人的绩效表现能够与企业战略目标达成一致。④

---

① 陶喜红．出版集团技术创新的必备条件及其对价值链建构的意义 [J]．编辑之友，2012（3）：14-16.

② 赵金楼，许池．网络经济环境下出版企业的组织结构变革 [J]．出版发行研究，2008（1）：33-35.

③ 朱静雯，胡誉耀．数字化环境下出版企业公司治理探究 [J]．出版科学，2009（4）：39-43.

④ 王勇安．论数字出版转型战略下出版企业绩效管理系统的建构 [J]．出版发行研究，2012（1）：27-30.

2.3.5　小结

通过对出版企业新媒体技术采纳相关文献进行梳理，笔者发现，国内学者围绕出版与新媒体技术的研究已经具有一定的规模，并且形成了若干研究领域，但大部分是针对出版企业商业模式与创新战略的宏观概述，基于定性分析基础上的对策研究较多，而结合具体研究问题的实证研究较少，尤其是从创新采纳视角展开的相关研究还非常匮乏。更为重要的是，由于没有明确的研究问题和规范的研究方法，相关定性研究所阐释的观点存在一定的随意性，由此产生的结论缺乏科学意义上的可验证性。

本研究试图在一定程度上弥补这方面的空白，借助组织创新采纳相关理论，同时融合出版产品与企业的经济特性，应用到我国出版企业新媒体技术采纳研究中，通过实证研究方法，试图较为全面地把握我国出版企业新媒体技术采纳过程和影响因素等问题。除此之外，相比于国外三大出版类别之间较为明确的界限区分，目前我国出版业依然存在"大众出版泛化"①、专业类别不突出的问题，因此，结合我国出版业发展实际，需要综合参考出版领域与组织类别等分类角度，分析不同类型出版企业在新媒体创新绩效上的差异表现。

---

① 程三国. 理解现代出版业（下）——兼析"日本出版大崩坏"[N]. 中国图书商报，2002，10（11）：31.

第3章　组织创新采纳理论研究

在信息科学领域，新技术采纳并不是一个陌生的概念，尤其是针对 ERP、电子商务等信息系统/技术采纳研究已积累了大量研究成果。然而，根据上一章对相关文献的总结，我们发现，无论是国内还是国外的出版企业研究领域，系统引入组织创新采纳理论的研究仍然较为缺乏。针对出版企业新媒体技术采纳这一新的研究问题，既需要建立在一般组织创新采纳的理论基础上，又需要充分照顾到出版企业本身与新技术采纳所处环境的特殊性，从而为研究的开展提供理论保障。为此，本章主要从组织创新采纳、产业融合、出版产品经济特性三个方面梳理相关理论基础。

3.1　组织创新采纳相关理论

有关组织层面的技术创新采纳研究起始于20世纪六七十年代，直到20世纪90年代，对于创新采纳的主体研究才逐渐从社会和个体层面转移到单个企业层面。① 由于本书所关注的新媒体技术属于技术创新范畴，因此这里主要围绕组织层面的技术创新采纳梳理相关理论成果。研究对象方面，早期组织创新采纳研究以制造类企业为主，此后随着信息技术在各行业的渗透，围绕金融机构、旅游机构②等

---

① 朱丽献，李兆友. 企业技术创新采纳的国外研究综述［J］. 东北大学学报，2008，10（6）：484-488.

② Siguaw J A, Enz C A, Namasivayam K. Adoption of information technology in U.S. hotels：strategically driven objectives［J］. Journal of Travel Research，2000（39）：192-201.

服务业部门以及中小企业的创新采纳问题逐渐受到研究者的重视。①② 研究范式方面，该领域研究大体可分为过程研究与行为影响因素研究两种范式，前者是将创新采纳过程分为一系列连续阶段，分析组织是如何采纳新技术并最终实现组织与技术之间的融合，许多研究者为此提出不同的阶段模型；后者则着重于分析影响组织采纳新技术的各种复杂因素，其目的是揭示哪些因素影响创新的采纳，以及不同因素的影响程度，如不少研究者从技术特征、组织特性与环境因素方面提出相关的影响因素。两种范式在研究方法上各有所长，能够有效解释组织创新采纳中的一些现象，并可相互补充。③ 依循上述研究范式的差异，不同研究者形成了相应的研究内容，主要包括组织创新采纳内涵与动因、创新采纳决策及实施过程、影响创新采纳的关键因素、创新采纳效果及其影响分析等。④⑤⑥ 当然，无论是过程范式，还是因素范式，组织创新采纳问题的复杂性决定了对其开展研究的过程中，必然会涉及与不同理论的交叉融合。除了由组织创新采纳问题内生的相关理论，如组织创新采纳过程理论、TOE 框架模型等，更多的研究会引入多学科理论视角，如资源理论、组织学习理论、社会资本理论等。尽管不

①　杨连峰.影响组织创新采纳的因素整合模型［J］.软科学，2011，25（6）：127-134.

②　聂进.中小企业信息技术采纳影响因素研究［M］.北京：科学出版社，2010.

③　徐峰.基于整合 TOE 框架与 UTAUT 模型的组织信息系统采纳研究［D］.济南：山东大学，2012.

④　张露，黄京华，黎波.ERP 实施对企业绩效影响的实证研究——基于倾向得分匹配法［J］.清华大学学报（自然科学版），2013，53（1）：117-121.

⑤　Rosenbusch N，Brinckmann J，Bausch A. Is innovation always beneficial？A meta-analysis of the relationship between innovation and performance in SMEs［J］. Journal of Business Venturing，2011（26）：441-457.

⑥　Mcafee A. The impact of enterprise information technology adoption on operational performance：an empirical investigation［J］. Production and Operations Management，2002，11（1）：33-53.

同理论各自着眼点不同，但相互之间具有较好的互补性。对于研究出版企业新媒体技术采纳这样一个新的研究问题来说，需要站在较高的理论起点，同时对不同理论进行融会贯通，避免单一视角所带来的片面性。以下就结合与本研究目的相关的组织创新采纳理论展开论述。

3.1.1 创新采纳过程理论

组织创新采纳过程研究的基础来自创新扩散理论。该理论创始人罗杰斯认为，创新决策作为一个过程需要经历五个阶段，具体包括认知、说服、决策、实施和确认阶段。① 之后他又针对组织层面的创新扩散提出五阶段模型，包括问题设定阶段（Agenda setting）、匹配阶段（Matching）、问题再定义阶段（Redefining/Restructuring）、确认阶段（Clarifying）与常规化阶段（Routinizing）。② 其中前两个阶段是创新扩散的启动阶段，主要是发现组织自身的技术需求，并寻找到合适的技术；后三个阶段则是技术的实施阶段，最终实现技术与组织之间的适配。

Nolan 则以美国企业 IT 应用为例，提出企业信息化建设的四阶段模型，具体包括初始、传播、控制和集成阶段。③ 而随着信息技术的发展，四阶段模型已无法完整解释企业技术应用，Nolan 又进一步提出六阶段模型和世代模型。其中所谓的"世代"是指企业在经历信息技术领域每一次重大技术变革之后所展开的一个新的学习循环。在每个学习循环之中，企业的 IT 开支，或者组织学习成长过程变化都会呈现出一条有规律的 S 形曲线。Wolfe 在对诸多学者观点汇总的基础上，综合梳理出组织创新阶段模式④（见表

① ［美］埃弗雷特·M. 罗杰斯. 创新的扩散［M］. 北京：中央编译出版社，2002：145.

② ［美］埃弗雷特·M. 罗杰斯. 创新的扩散［M］. 北京：中央编译出版社，2002：380.

③ Nolan R L. Managing the computer resource：a stage hypothesis［J］. Communications of the ACM，1973，16（7）：399-405.

④ Wolfe. Organizational innovation：review，critique and suggested research directions［J］. Journal of Management Studies，1994，31（3）：407-431.

3.1）。虽然不同学者采取的研究视角和分析方法不同，但对企业技术采纳阶段的分析存在一定的共通之处。如果将采纳决策作为分界线，基本都可分为采纳前和采纳后两个阶段，而不少实证研究也证实这两个阶段的影响因素存在一定的差异。

表 3.1　　　　　　　　组织创新采纳阶段模式总结

阶段 / 作者	1	2	3	4	5	6	7	8	9	10
Zaltman，Duncan & Holbek（1973）		知觉/意识	态度形成			决策	开始/执行		持续/执行	
Daft（1978）	概念				计划	采用/拒绝	执行			
Ettlie（1980）		知觉	评估	试验		采用/拒绝	执行			
Tornatsky 等（1983）		知觉	适配/选择			采用/拒绝	执行		常规化/承诺	
Rogers（1983）		知识			说服	决策	执行	确认		
Meyer & Goes（1988）		知识/知觉	评估/选择			采用	执行		扩张	
Coope & Zmud（1990）		开始				采用	改良/发展/安装	承诺/习惯	合并/常规化	注入
综合意见	概念	知觉	适配	评估	说服	采用	执行	确认	常规化	注入

3.1.2　TOE 框架模型

企业技术采纳决策不仅是一个技术过程，更是一个社会过程，其最终结果会受到多种因素的影响。传统的信息技术采纳影响因素研究建立在创新扩散理论的基础上，该理论主要从技术本身特性的角度进行分析，认为影响技术创新扩散的主要因素是技术的相对优势、兼容性、复杂性、可试验性与可观察性。由 Davids 提出的技术接受模型（Technology Acceptance Model，TAM）被认为是信息技术采纳领域最有影响力的理论之一。由于该理论主要是基于个人用户层面，因此在延伸到组织技术采纳研究的过程中，也主要围绕企业员工，以及管理者个人意志对组织行为影响较大的中小企业展开。①

随着技术的发展，技术的采纳和应用已经超越个人用户的范畴，在实施过程中组织的协同性愈加重要。在这样的背景下，TAM模型的局限性凸显出来，面对组织级的大型信息系统和创新技术，必须综合企业内外部因素共同探讨影响技术采纳的原因，这是TAM模型所不具备的。尽管迄今为止，组织层面的技术采纳研究尚没有形成如TAM一样被广泛认可的理论模型，但相关研究已经大规模展开。通过对1992—2003年基于个人层面和组织层面信息技术采纳的实证研究文献进行梳理，Jeyaraj等人鉴别出135个自变量，8个因变量，以及505对自变量与因变量之间的关系，结果发现高管支持、外部压力、信息部门的专业性，以及外部信息来源是组织技术采纳的关键影响因素。②

相较于个人用户接受，影响企业技术采纳的因素更为复杂，Tornatzky与Fleischer在综合吸收创新扩散模型的基础上，提出了一个较为全面的框架模型，即T（技术）-O（组织）-E（环境）模型③（见图3.1）。TOE模型认为，一个组织在技术采纳过程中会受到技术本身、组织以及外部环境三类因素的影响，其中技术因素主要吸收了创新扩散的相关理论，如技术的兼容性和相对优势等，组织因素关注到组织规模、高层主管态度、员工IT知识存量等，环境因素则涉及政府政策、行业竞争压力等因素。

借助TOE模型，学者们对组织技术采纳展开了较为深入的研

① 张楠，郭讯华，陈国青. 行为建模角度信息技术采纳研究综述 [J]. 科学管理研究，2009，27（4）：13-19.

② Jeyaraj A，Rottman J W，Lacity M C. A review of the predictors, linkages, and biases in IT innovation adoption research [J]. Journal of Information Technology，2006，21（1）：1-23.

③ Tornatzky L G，Fleischer M. The processes of technological innovation [M]. Lexington，MA：Lexington Books.

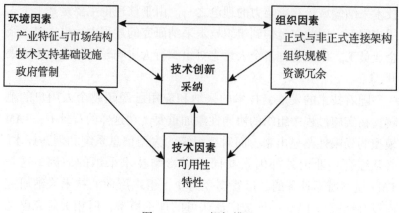

图 3.1　TOE 框架模型

究，其研究对象包括跨组织系统①②、电子商务③④、电子数据交换⑤以及开放式系统⑥等；应用领域涵盖制造业、医疗⑦、零售和

---

①　Grover V. An empirically derived model for the adoption of customer-based interorganizational systems [J]. Decision Sciences, 1993, 24 (3): 603-640.

②　Mishra A N, Konana P, Barua A. Antecedents and consequences of internet use in procurement: an empirical investigation of U. S. manufacturing firms [J]. Information Systems Research, 2007, 18 (1): 103-120.

③　Zhu K, Kraemer K, Xu S. Electronic business adoption by European firms: a crosscountry assessment of the facilitators and inhibitors [J]. European Journal of Information Systems, 2003, 12 (4): 251-268.

④　Zhu K, Kraemer K L. Post-adoption variations in usage and value of e-business by organizations: cross-country evidence from the retail industry [J]. Information Systems Research, 2005, 16 (1): 61-84.

⑤　Kuan K K Y, Chau P Y K. A perception-based model for EDI adoption in small businesses using a technology-organization-environment framework [J]. Information Management, 2001, 38 (8): 507-521.

⑥　Chau P Y K, Tam K Y. Factors affecting the adoption of open systems: an exploratory study [J]. MIS Quarterly, 1997, 21 (1): 1-24.

⑦　Lee C P, Shim J P. An exploratory study of radio frequency identification (RFID) adoption in the healthcare industry [J]. European Journal of Information Systems, 2007, 16 (6): 712-724.

金融服务业①等行业。TOE 模型作为一种通用型分析框架，学者往往会根据具体的技术特点和实际应用环境调适框架中的相关影响因素。Baker 通过对采用 TOE 模型的实证研究进行梳理，总结出具有代表性的影响因素（见表 3.2）。②

表 3.2 前人使用 TOE 模型研究总结

作者与研究对象	技术因素	组织因素	环境因素
Chau，Tam（1997）开放式系统	知觉障碍、感知收益、感知兼容性	现有系统满意度、IT 基础设施复杂性、系统开发和管理的正规化	环境不确定性
Kuan，Chau（2001）电子数据交换	感知直接利益、感知间接利益	感知财务成本、感知技术能力	感知市场压力、感知政策压力
Lee，Shim（2007）无线射频识别	感知利益、供应商压力	领先地位	绩效差距、市场不确定性
Mishra，et al.（2007）采购活动中互联网应用	采购流程数字化	组织采购知识的多元化、组织对技术不确定性感知	供应商销售流程数字化
Ramdani，et al.（2009）企业信息系统	相对优势、兼容性、复杂性、可试验性、可观察性	高管支持、组织就绪度、信息系统经验、规模	产业状况、市场范围、竞争压力、外部技术支持

---

① Zhu K，Kraemer K L，Xu S. The process of innovation assimilation by firms in different countries：a technology diffusion perspective on e-business［J］. Management Science，52（10），2006：1557-1576.

② Baker J. Information Systems Theory［M］. New York：Springer Science+Business Media，LLC，2012：231-245.

作者与研究对象	技术因素	组织因素	环境因素
Thong（1999）信息系统	相对优势、复杂性、兼容性	业务规模、员工技术知识、信息强度、CEO创新性、CEO技术知识	竞争
Zhu，et al.（2003）电子商务	技术能力	企业规模、业务范围	竞争压力、消费者就绪度、合作伙伴就绪度
Zhu，et al.（2004）电子商务	技术就绪度	企业规模、全球经营范围、财务资源	监管环境、竞争强度
Zhu，Kraemer（2005）电子商务	技术能力	规模、财务承诺、跨国经营范围	规范化支持、竞争压力

TOE模型作为一个通用型的理论框架，能够使研究者根据实际的研究情境而调整相关的影响因素，但这同时也是人们对它存在争议的地方。理论的最大意义是对一类现象的解释，而TOE模型作为一种分析框架，本身对技术采纳缺乏深入的理论阐释，而且对动态过程观照不足，需要借助其他理论进行充实。但必须指出的是，尽管TOE模型存在上述缺陷，但面对不同领域持续涌现的创新技术，该模型依然能为研究者和实践者提供较为全面的认识框架。

3.1.3 技术结构化理论

技术结构化理论来源于对传统两类理论视角的批判性借鉴。20世纪60年代，西方社会理论陷入到方法论的二元纷争之中，一方是强调结构的制度主义和功能主义视角，另一方则是强调个体的理性主义视角。① 两种视角的差异体现在对结构与能动者之间关系的认识上，前者认为社会结构作为一种客观存在，决定能动者的行动；后者认为能动者的行动决定了社会结构，表现出明显的唯意志论。② 正是在这样的背景下，Giddens 提出结构化理论，强调结构的二重性（Duality），为克服二元论的困境提供了可能性。他指出，社会结构既是由能动者的行动所建构，又是行动得以发生的中介。③ 该理论中，结构作为一种通用概念，体现了社会体系的结构性质，它是由规则与资源两个要素组成。规则指的是行动者进行社会实践、参与社会互动过程的方法性程序，体现在行动者的话语知识和实践中，可分为规范和意义两类。规范是互动中行动的模板，是经验的惯例化，而意义是行动者所使用的解释框架。除了规则，结构组成要素中还有资源，资源可分为配置型资源（Allocative Resource）与权威型资源（Authoritative Resource）。配置型资源主要指权力生成过程中所需的物质资源，权威型资源则体现为权力生成过程中的非物质资源。

虽然 Giddens 没有在其结构化理论中直接讨论技术问题，但许多学者已经将其引入到技术采纳研究中来，包括技术引起的组织变革④、群体决策支持系统采用⑤，其中具有代表性的应用就是由 Orlikowski 提出的技术结构化理论⑥，该理论分析了能动者、技术

---

① 李红专. 当代西方社会理论的实践论转向——吉登斯结构化理论的深度审视 [J]. 哲学动态，2004（11）：7-13.

② 徐峰. 基于整合 TOE 框架与 UTAUT 模型的组织信息系统采纳研究 [D]. 济南：山东大学，2012.

③ Giddens A. Central Problems in Social Theory：Action，Structure，and Contradiction in Social Analysis [M]. California：University of California Press，1979.

④ Barley S R. The alignment of technology and structure through roles and networks [J]. Administrative Science Quarterly，1990，35（1）.

⑤ Desanctis G，Poole M S. Capturing the complexity in advanced technology use：adaptive structuration theory [J]. Organization Science，1994：121-147.

⑥ Orlikowski W J. The duality of technology：rethinking the concept of technology in organizations [J]. Management of Technology，1992，3（3）：405.

与组织制度属性三者相互作用的路径，基本可总结为四条路径（见图 3.2）。

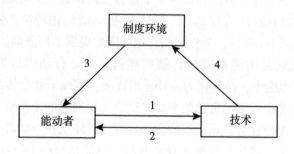

图 3.2　技术结构化路径

（1）技术作为行动者的产物。

技术需求来自组织活动，组织对技术的采纳往往是一种理性选择，需要组织具备相应的技术能力和配置性资源。

（2）技术作为能动者行为的中介。

技术作为一种行动的中介，对采纳行为存在促进或阻碍作用，需要与组织现有的资源相互匹配。

（3）行动者与技术交互的制度条件。

制度环境会对组织技术采纳产生影响，组织技术采纳的结果受到外部因素的影响，包括竞争压力、规范压力等。

（4）行动者与技术交互的反作用

行动者与技术之间的交互作用也可能对外部环境产生影响，通过增强或改变组织间关系的规则，实现新的竞争优势。

根据 Orlikowski 的技术结构化模型，组织技术采纳过程中需要具备相应的配置型资源和权威型资源，同时受到外部制度压力的影响。

3.1.4　资源理论

20 世纪 80 年代，针对企业战略管理的研究大致围绕两个方向展开：一个是以迈克尔·波特为代表，从产业与市场结构的视角分析企业的竞争优势与行为；另一个则是以 Penrose 等学者为代表，从企业内部的资源与能力角度审视企业的竞争优势。由于受古典经济学范式的影响，在波特的竞争理论中，企业被视作同质的，也即"同质技术上的投入产出系统，企业资源可以自由流动，并且在投入与产出之间存在相对确切的技术关系"①。正因为如此，该理论无法很好地解释为何"产业内部利润率的分散程度要比产业间的分散程度更大"②。与此相反，资源理论打破企业作为"黑箱"的假设，强调从企业内部资源、能力探寻企业的竞争优势与创新行为。

早在 20 世纪 50 年代，基于资源视角的理论观点就已经初显端倪，Selznick 在针对管理中领导行为的分析时提出"独特能力"（Distinctive Competence）的概念，强调一个组织之所以比其他组织表现得更好，是因为组织所具有的独特能力。③ Penrose 则在《企业成长理论》一书中提出了"组织不均衡成长理论"，认为企业成长总是来自企业内部资源不平衡的驱动，区别于传统的规模经济思路，Penrose 提出了成长经济的概念，成长经济来自企业所能获得的独一无二的生产性服务的集合，从而使其具备了向市场投放新产品与提高原产品质量的独特优势。④ 资源基础理论真正获得学界的重视是在 20 世纪 80 年代，Wernerfelt 发表了名为《基于资源的企业观》（*A Resource-based View of the Firm*）的论文，首次提出"资源基础观念"（Resource-based View）。他将企业视作一系列有形与无形资源的组合，包括品牌、内部技术知识、高技能雇员、高效流

---

① 黄旭，陈林林. 西方资源基础理论评析［J］. 财经科学，2005（3）：94-99.

② Rumelt R P. Towards a strategic theory of the firm, In R. B. Lamb（ed.）. Competitive strategic management［M］. Englewood Cliffs, NJ：Prentice Hall, 1984：556-570.

③ Selznick P. Leadership in Administration：A Sociological Interpretation, Row, Peterson and Company［M］. New York：Free Press, 1957：42.

④ ［英］伊迪斯·彭罗斯. 企业成长理论［M］. 上海：上海人民出版社，2007：116.

程与资本等，凭借独特的资源整合方式与持续获取能力，企业可以提升相应的资源定位门槛，从而形成较强的竞争优势。Grant 进一步提出"资源基础理论"（Resource-Based Theory）①，再次强调内部资源和能力对企业战略的重要性，认为它们既是企业战略方向的源泉，也是企业可持续盈利的首要保障。综合相关学者的观点，资源基础理论的核心内容主要是三点：（1）独特的异质性资源是企业竞争优势的源泉；（2）由于资源辨识度、时效性以及模仿成本的存在，使得基于资源的竞争优势具有持续性；（3）企业可以借助组织学习、知识管理和建立外部网络等多种方式获取并管理特殊的资源。这其中尤其强调资源的异质性，以及资源在企业之间的"非完全流动性"。对组织创新采纳来说，企业无疑是要利用自身的异质性资源和能力优势，从而达到技术采纳的目标，也即获得可持续的竞争优势。相关研究结果发现，IT 能力因素对企业采纳信息技术具有正向影响。②③

随着知识经济时代的到来，知识成为企业发展所倚仗的重要资源，因此有学者在 RBT 理论的基础上提出"知识基础理论"（Knowledge-based View，KBV）④。该理论认为企业是一个知识集合体，这其中既包括企业专利、人员、知识库等有形知识，也包括价值观、企业文化等无形知识。从知识基础视角看，企业采纳创新技术同时也是一个组织学习和知识壁垒不断降低的过程⑤，只有具

---

① Grant R M. The Resource-based Theory of Competitive Advantage ［M］. California Management Review, University of California at Berkeley, 1991.

② Chwelos P, Benasat I, Dexter A S. Research report: empirical test of an EDI adoption model ［J］. Information System Research, 2002, 12 (3): 304-321.

③ Ramamurthy K G, Premkumar M, Crum R. Organizational and interorganizational determinants of EDI diffusion and organizational performance: a causal model ［J］. Journal of Organizational Computing and Electronic Commerce, 1999, 9 (4): 253-285.

④ Grant R M. Toward a knowledge-based theory of the firm ［J］. Strategic Management, 1996, 17 (special issue): 109-122.

⑤ 陈文波. 基于知识视角的组织复杂信息技术吸收研究 ［D］. 上海：复旦大学, 2006.

备一定知识基础的企业才有能力发现和识别技术所带来的潜在机会，并结合企业自身特点加以部署和实施。

值得注意的是，尽管资源基础理论更多地着眼于企业内部资源和能力的挖掘，但其实并未完全排斥从外部获取战略资源——"对于构建独特的资源定位优势，如果能够以相对低的成本购买到合适的资源，无疑是最好的。"① 相比于资源基础理论更进一步的，资源依赖理论（Resource Depedence Perspective，RDP）则主要关注组织与其所处的环境进行交换以获取资源。Pfeffer指出，企业之间的依赖关系是资源拥有方对资源需求方的一种权力关系。② 由于企业无法自己为自己提供全部所需的资源，因此企业之间的依赖关系必然存在，企业可以通过合作或联盟的方式获取战略所需的重要资源③。

从某种程度上说，资源理论与社会资本理论存在内在联系。尽管对于社会资本的概念，不同学者有不同的界定，但基本达成共识的一点是，社会资本是区别于物质资本、人力资本，存在于社会结构中的一种资源，能够为结构内的行动者提供便利。④ 著名的华裔学者林南在研究社会资本初期，使用的正是社会资源一词。⑤ Burt首次将社会资本的概念引入到企业层面，他认为，企业内部和企业之间的关系是社会资本。⑥ 基于资源视角的企业社会资本概念，将

① Wernerfelt. A resource-based view of the firm [J]. Strategic Management Journal, 1984, 5 (2)：171-180.

② Pfeffer J, Salancik G R. The External Control of Organizations：A Resource Dependence Perspective [M]. New York：Harper & Row, 1978：45.

③ 黄旭，陈林林. 西方资源基础理论评析 [J]. 财经科学，2005 (3)：94-99.

④ 陈柳钦. 社会资本及其主要理论研究观点综述 [J]. 东方论坛，2007 (3)：84-91.

⑤ Lin N, Ensel W M, Vaughn J C. Social resources and strength of ties：structural factors in occupational status attainment [J]. American Sociological Review, 1981, 46 (4)：393-405.

⑥ Burt R S. Structural Holes：The Social Structure of Competition [M]. Cambridge, MA：Harvard University Press, 1992：57.

社会资本视为企业的一种资源。韦影认为，社会资本作为资本的一种形式，实质上属于资源范畴。通过投资外部关系网络，企业有机会通过接近信息、获取信任等方式获得收益；通过投资内部关系的发展，企业能够增强集体的凝聚力。① 针对数字出版新兴产业的发展，陈邦武认为，社会资本对其可持续发展具有重大意义，集中表现在有利于重构和聚合日益分众化的社会网络、减少交易成本以重塑日益分割的产业链，同时还能调节多元产业结构的变化。② 田海明与魏彬主张完善规制体系的运转，保障数字出版产业社会资本的健康发展，与此同时，作为新兴的数字出版企业与传统出版企业相互合作，共同推动产业关系架构的和谐发展。③

3.1.5　组织学习理论

尽管资源理论视角关注到了企业发挥和利用内外部知识基础与核心能力，但整体而言，它仍是一种偏向静态的战略思维，对资源或能力如何创造的过程并没有予以明确说明。组织创新采纳不仅能反映企业的一种状态，同时也是一个动态过程，组织学习视角有助于弥补资源理论视角的不足。

组织学习的概念最早由 Argris 与 Schon④ 在 1978 年提出，其后该思想受到国内外学术界的广泛重视。用"学习"来描述组织行为，实际上是借用了个人行为的一种类比，体现出整体性学习的特征。组织理论认为，组织学习是企业在特定的行为与文化下建立起完善组织的知识和常规，通过不断采用相关工具与技能来加强企业

---

① 韦影 . 企业社会资本对技术创新绩效的影响：基于吸收能力的视角 [D] . 杭州：浙江大学，2005.

② 陈邦武，黄勇 . 社会资本：数字出版产业可持续发展的不竭源泉 [J] . 出版发行研究，2012（5）：22-24.

③ 田海明，魏彬 . 社会资本如何助力数字出版 [J] . 出版参考，2011（34）：19.

④ ［美］克里斯·阿吉里斯 . 组织学习（第二版）[M] . 北京：中国人民大学出版社，2004.

适应性与竞争力的方式。① 根据学习的深度不同，组织学习可分为
单回路学习、双回路学习和三回路学习（见图3.3）。② 其中单回
路学习是一种最基本的学习，是在既定假设前提下，发现组织行为
错误，对其进行纠正，从而使组织运行符合组织的既定规范。双回
路学习也可视为创造性学习，是对组织既定的目标进行修正，以应
对环境的变化。相比于单回路学习，双回路学习的实施难度较大，
一般是应用在组织面临严峻的竞争态势时，准备开发新的资源领
域，需要通过学习来提高竞争能力。三回路学习则是组织深入探讨
过去的学习方式，找到阻碍组织学习的关键因素，通过建立起新的
心智模式来影响组织成果。

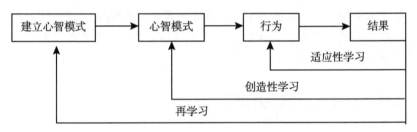

图 3.3　三种组织学习比较

有关组织学习与新技术应用之间的关系一直是国内外学者关注
的重点。从创新扩散的角度看，组织学习更多是企业消化和吸收外
部新技术的过程。学习过程使得企业的经验不断积累，从而增加了
组织对某项新技术的吸收能力。③ Cohen 和 Levinthal 指出，在不断
变化和不确定的环境中，企业对新技术的吸收能力对组织创新绩效

①　陈国权，马萌．组织学习——现状与展望［J］．中国管理科学，
2000，8（1）：66-74.

②　杨智．国外组织学习研究综述［J］．外国经济与管理，2004，26
（12）：15-20.

③　李艾．电子商务技术扩散影响因素实证研究［D］．杭州：浙江大学，
2005.

存在影响。① 一方面，企业在某领域的组织学习具有累积性，一个时期积累的吸收能力有助于提高下一个时期的吸收效率；另一方面，企业通过组织学习获取专门的知识，有助于理解和评价新技术的价值，为企业发展提供更好的指引。Nolan 在对技术采纳阶段理论总结时提出，根据企业信息系统开发而绘制的 S 形曲线反映的正是组织在其业务运作过程中引入计算机应用时所经历的组织学习过程。② Schilling 认为，当某项技术被使用，企业对该技术相关知识的了解就会不断增长，这样既促进了该项技术本身的改进，又促进了其进一步应用。③ 国内众多实证研究也证实，组织学习对创新采纳具有直接或间接的影响。周晓通过对中国珠三角地区企业的调查发现，组织学习通过知识能力与知识整合的中介作用对组织创新产生正面影响。④ 马庆国等采用组织学习理论对影响电子商务开展程度的因素进行研究，发现信息化水平与对电子商务的投资有助于电子商务技术采纳。⑤

3.2　产业融合相关理论

经过不同时期众多研究者的贡献，组织创新采纳研究领域已形成了较为丰富的理论成果，但不可否认的是，上述理论大部分都是建立在传统产业分立的前提假设下，企业采纳新技术的目的更多是

---

① Cohen W M, Levinthal D A. Absorptive capacity: a new perspective on learning and innovation [J]. Administrative Science Quarterly, 1990, 35 (1): 128-152.

② Nolan R L. Managing the computer resource: a stage hypothesis [J]. Communications of the ACM, 1973, 16 (7): 399-405.

③ Schilling M A. Technological lockout: an integrative model of the economic and strategic factors driving technology success and failure [J]. The Academy of Management Review, 1998, 23 (2): 267-284.

④ 周晓. 组织学习对组织创新的影响研究 [D]. 哈尔滨：哈尔滨工业大学，2007.

⑤ 马庆国. 电子商务与企业信息化：组织学习效应实证研究 [J]. 管理工程学报，2004, 18 (2): 11-16.

提高生产运营效率，而非面向整个产业的变革转型。而出版企业采纳新媒体技术的基础环境则是由传统工业时代的产业分立走向信息化时代的产业融合，因此有必要充分把握产业融合的基本规律与特性。尽管作为新兴的研究领域，产业融合尚未形成完善的理论体系，但相关研究成果已有很多，可以为后续研究的开展提供重要的启示。以下主要就产业融合的基本概念与内涵，以及产业融合对企业创新的影响进行必要的梳理和总结。

3.2.1 产业融合的内涵

早在 20 世纪 70 年代，有学者就关注到产业融合的发展趋势。美国麻省理工学院（MIT）媒介实验室创建者尼古拉斯·尼葛洛庞帝（Nicholas Negroponte）在 1978 年就提出，数字技术将导致不同产业之间的相互融合，并用三个相互重叠的圆圈来表示计算机业、广播业、印刷出版业之间的融合趋势。1997 年，欧洲委员会在一份绿皮书中指出，产业融合是"产业联盟和合并、技术网络平台与市场等三个方面的融合"。哈佛大学教授 Anthony Oettinger 甚至创造出新词"Compunications"来表示计算机业与电信业之间的融合。韩小明认为，产业融合首先应该是在产业（部门或行业等）边界清晰的前提下发生的现象，它至少涉及两个边界既定的行业。[①] 尽管到目前为止，关于产业融合，尚没有非常统一的定义，但大部分学者都认同产业融合是在数字融合基础上出现的产业边界模糊化的现象。[②] Yoffie 将产业融合定义为"采用数字技术后原来独立的产品之间的整合"。[③] Ono 与 Aoki 指出产业融合的发展方向是由信息传输非专用平台向专用平台转换，由低带宽要求向高带宽

---

① 韩小明. 对于产业融合问题的理论研究 [J]. 教学与研究，2006（6）：54-61.

② 周勇. 面向产业融合的企业创新投资决策 [D]. 上海：复旦大学，2012.

③ Yoffie D B. Introduction：CHESS and competing in the age of digital convergence [J]. Competing in the age of digital convergence，1997：1-36.

要求转换。① 该观点被诸多国内研究者所认可，并认为其体现了产业融合的过程与实质。

周振华认为，产业边界是传统产业分类中的隐含概念，产业分类正是在这一隐含概念的基础上提出"同质性"原则，即一种产品只能由一个产业生产，不同产品与不同产业之间在理论上属于完全的"一对一"关系。② 该原则由四个限制性假定条件构成，其分别对应的是界定产业边界的四个维度，即技术边界、业务边界、运作边界与市场边界。以传统出版、广播电视业为例，两者在使用技术上相互独立，传统出版业以纸张和印刷等有形形式实现信息的复制，广播电视业则以广播网、电视网等技术手段与设备实现信息传播；在业务与运作方面，传统出版业主要提供图书、报纸、杂志及影像产品，通过实物分销形式进行销售，广播电视业则借助广播网、电视网提供单向声音和视像服务；在市场结构上，两者均有各自分割非竞争的市场领地，且不同的政府部门遵循各自准则对内容进行管制。传统工业技术建立在产业细分的基础上，通过在生产、销售、管理等方面的技术升级，进一步扩大专业分工，强化了固定的产业边界。而信息与网络技术的快速发展，使得信息传送平台和带宽要求发生重大转换，并对技术边界、业务边界、运作边界以及市场边界造成强烈冲击，最终出现由产业边界固化走向产业边界模糊化的产业融合现象，其历史意义是对传统工业时代产业分立的否定。陈家海进一步对产业边界模糊化进行理论阐释，以电信、广播、出版行业为例，从三个角度考察融合与产业边界的关系，他认为从产品的经济用途和产品的"主要原材料"上，数字融合并未引起三个行业的边界模糊，数字融合真正引起重大变化的是在工艺流程性质上，无论是书籍、图册，还是电视剧和电影，都已经实现数字化的生产、传播和存储，产品的存在形态和使用方式的变化引

① Ono R, Aoki K. Convergence and new regulation frameworks [J]. Telecommunications Policy, 1998, 22 (10)：817 -838.

② 周振华. 信息化与产业融合 [M]. 上海：上海三联书店，2003：54.

起了产业边界的模糊化。①

3.2.2 产业融合下的企业创新行为

产业融合不仅带来技术、业务层面的重大转变,其本身还内含着产业组织中市场结构、行为与绩效的显著变化。② 产业融合使得原先不具有替代性的产品可能转变为具有替代性,而已经融合的产品则由于消费者对其认定和偏好的不同而呈现出差异化。③ 对应到出版业,可以看到,一方面,随着图书产品进入到数字化环境,诸多原先与图书仅存在潜在替代性的产品,如依托微博、微信等社会化媒体所提供的信息服务,逐渐变成具有现实的替代性;另一方面,出版领域内部,各类图书产品因其在消费者心智中定位的差异,无论从产品形态还是使用方式都呈现出越来越大的差异。这种由于市场边界游移所带来的市场环境的持续变化成为企业创新所面临的新的前提假设。

基于这样的前提假设,企业需要采取的市场行为就是根据市场的"持续变革"而进行合理的战略定位,并通过采取较小的、时间跨度较长的连续行动来应对产业变化所带来的机遇和挑战。④ 具体可针对产业融合变革采取多种战略性举措,在不断试错中判断比较战略的优劣,从而确立可持续的发展方向。⑤ 相关研究表明,相比于企业的反应动机,企业反应能力对企业战略反应程度具有更重

---

① 陈家海. 产业融合:狭义概念的内涵及其广义化 [J]. 上海经济研究,2009(11):35-41.

② 周振华. 信息化与产业融合 [M]. 上海:上海三联书店,2003:284.

③ 周振华. 产业融合中的市场结构及其行为方式分析 [J]. 中国工业经济,2004(2):11-18.

④ 周振华. 产业融合中的市场结构及其行为方式分析 [J]. 中国工业经济,2004(2):11-18.

⑤ 余东华. 产业融合与产业组织结构优化 [J]. 天津社会科学,2005(3):72-76.

要的决定作用。① 为适应这种能力提升的要求，企业更强调对隐性知识的学习，而针对产业融合环境下隐性知识的创新投资，相比于传统产业内创新投资具有更高的不确定性。与此同时，产业边界的变化也催生了新的企业组织结构，其中最典型的便是网络型组织结构。这种组织结构具有几个突出特点，首先，它是一种自适应的变结构，能够根据市场机会进行有效的组织设计；其次，作为一种开放系统，该组织边界具有丰富的弹性，可以为特定目标形成超组织结构；最后，团队内部在平等的基础上实现信息共享，增强了组织探索新知识的能力。

3.3　出版产品的经济特性

除了上述针对一般企业创新采纳的经济学分析，立足出版企业创新采纳问题的研究还必须结合出版产品，尤其是图书产品的经济特性，以及它在数字网络环境下的表现，以此为出版企业新媒体技术采纳分析框架的建立提供必要的理论支撑。需要指出的是，本书虽然没有直接针对出版企业与出版产业的经济特性进行理论分析，但企业和产业特性很大程度上内生于产品特性，因此实质上也包含了对企业和产业特性的分析。以下主要从出版产品的需求特性与生产特性两方面概述出版产品的经济特性。

3.3.1　出版产品的需求特性

出版活动的发展源于人类对知识、信息的消费需求，只有把握出版产品的需求特性，并揭示其在网络环境下的新变化，才能更好地理解出版企业创新采纳的客观规律。

首先，出版产品的需求具有高度的不确定性，增大了出版企业采纳创新的风险。出版产品作为一种重要的内容产品，具有精神产品和物质产品的双重属性，其核心价值体现在相应内容所蕴含的知

---

① 李美云. 国外产业融合研究新进展 [J]. 外国经济与管理，2005，27（12）：13-20.

识和信息价值，也即它的精神产品属性。相比于一般的物质产品，精神产品的需求往往受到更多复杂因素的影响。除了一般产品所受到的产品价格、供给水平、消费者收入等因素外，还有包括社会文化、教育水平、阅读习惯，以及政策导向等因素的影响。这些复杂因素塑造了出版产品特殊的需求环境。而信息与网络技术的发展则加剧了需求环境的不确定性，一方面，对传统纸质出版物来说，电子书、移动客户端等新媒体产品的出现，引发了部分读者阅读习惯的改变，这使得出版企业不仅需要关注读者内容层面的偏好，还需要注重其对形式层面的偏好；另一方面，作为具有替代性的相关产品，新媒体产品所遵循的定价机制与纸质图书存在明显差异，导致前者的价格往往低于后者，这也对纸质图书的需求产生了强烈的冲击。除此之外，出版产品的形成不仅满足读者的精神文化需求，还在某种程度上满足创作者的精神需求，数字技术的广泛应用，使得以服务作者为主的自助出版业务形态成为可能，由此也形成新的需求对象。上述需求环境的复杂性，客观上增大了出版企业采纳创新技术的风险。

其次，出版产品的效用具有边际递增效应，网络环境拓展了其效用范围和方式，为出版企业创新采纳提供了新的机遇和挑战。从消费者收益的角度来看，消费者作出消费决策的关键是依据出版产品的效用，即从商品中所感受到的满足程度，这与传播学领域的使用与满足理论具有内在的联系。该理论告诉我们，传媒企业在思考如何影响用户的同时，需要从用户的角度考察，用户使用媒体的动机是什么，他们究竟用媒体满足了何种需求。由于出版产品本身所蕴含的信息和知识内容在消费上具有非损耗性① （nondepletable）、非排他性② （nonexcludable） 和再创造性③，这使得出版产品的消费具有边际效益递增的特点，也即用户对出版产品的消费越多，从

---

① 非损耗性是指产品被消费不会丧失原有的使用价值或效用。

② 非排他性是指产品一旦被提供出来，就不可能排除任何人对它不付代价的消费。

③ 再创造性指的是在消费过程中会产生新的知识和信息。

中获得的效用也就越大。当然，在传统出版环境下，读者无论是在选购图书、阅读，还是知识消化的广义消费过程中，基本都处在相对独立和封闭的环境，这使得出版产品的潜在效用受到客观条件的束缚，并没有得到充分的发挥。随着信息与网络技术的迅猛发展，需求方网络效应已经成为众多信息产品的普遍特征。所谓网络效应，其揭示的是网络环境下的一种价值规律，它是指网络的效益随着网络用户的增加而呈指数增加。这种效应在网络文学社区体现得尤为明显，起点中文网与传统出版模式的根本不同在于它实现了读者与创意源头（作者与故事）之间的直接联系，① 这打破了传统出版时代横亘在读者与作者、读者与读者、作者与作者之间的厚厚阻隔，网站通过投票、打赏、催更②等一系列增值服务设计，建立起了以网络文学为核心的内容生态系统。由于这种运行机制突破了传统出版环境下完全以内容本身作为效用评价基础的局限，改变了作者向读者的单向传播模式，充分拓展了内容产品效用发挥的范围和方式，用户数量一旦超过临界点，就会形成一种自我强化的效果，并呈现出强者愈强、弱者愈弱的马太效应。由于网络效应的普遍化，尤其是在大众传播领域，这为出版企业开拓新的商业模式提供了历史性的机遇，但与此同时，新的竞争态势也对出版企业的生存和发展带来了严峻的挑战。

出版企业采纳新媒体技术的核心是突破图书的框架约束，从消费者需求着手，提供差异化的内容、服务乃至体验。爱思唯尔、培生、兰登书屋等企业的发展史表明，出版企业可以充分利用新媒体技术，开发新的产品和服务，维持并拓展原有的功能定位，以实现数字化的成功转型。

---

　　①　陈威如，余卓轩. 平台战略：正在席卷全球的商业模式革命［M］. 北京：中信出版社，2013：338.

　　②　这些均是起点中文网为吸引读者而提供的增值服务功能，其中投票主要是读者对喜欢的小说进行支持，打赏就是部分读者为喜欢的作品捐钱，催更则是读者催促作者更新的意思。

3.3.2 出版产品的供给特性

正如印刷史专家大卫·柴瑞特（David·Theriault）所言："印刷文本的经济学更多涉及计划、风险和其他市场行为等。印刷者只能依靠不确定的市场需求来估计生产数量。"① 某种程度上说，出版产品消费的不确定性塑造了出版业独特的盈利模式、分工结构与组织形态。② 然而，与杂志、报纸等媒体产品形态不同，图书是一种以独立内容创作为核心的产品形态，这使其面临的需求环境风险往往更甚。Picard 在对媒体产品特性的研究中，将媒体产品分为单一创意产品和连续创意产品。③ 所谓单一创意产品，指的是基于独特单一内容的创意驱动产品，而连续创意产品则接近于一般所说的连续出版物的概念。图书作为一种典型的单一创意产品，其生产活动的重心是围绕单一内容作品展开，出版企业每出版一本书就好比开辟一条新的生产线，这使得出版企业的组织结构往往较为分散和随意，甚至呈现出完全个性化的作坊式生产。这种产品结构与生产方式所带来的显见结果是商业回报具有高度的不可预测性。据统计，在 10 项出版投资中，平均能有 1 个取得成功已经很不错，其他 4 个可能不赚不赔，另外 5 个则要亏本。④ 正因为如此，传统出版企业的运营模式更类似于风险投资，其重心往往是放在管理风险和失败上，争夺畅销书作者、出版跟风图书等市场行为都是这种管理思维的体现。可以说，这种以风险控制主导的管理思维，一定程度上决定了出版企业采纳新媒体技术的方向，客观上抑制了其开展颠覆性创新的动力。另外，相比于连续创意产品必须依赖明确的目

---

① 吴赟. 文化与经济的博弈：出版经济学理论研究 [M]. 北京：中国社会科学出版社，2009：165.

② 于文. 风险、利润与现代出版业的起源 [J]. 出版科学，2012 (6)：48-52.

③ Picard R G. Unique characteristics and business dynamics of media products [J]. Journal of Media Business Studies，2005，2 (2)：61-69.

④ 于文. 风险、利润与现代出版业的起源 [J]. 出版科学，2012 (6)：48-52.

标定位来吸引优质内容，图书的生产基本上是围绕个性化的内容展开，这使得图书出版企业相对缺乏对用户需求变化的敏感把握，在应对市场变化而进行调整上存在明显的滞后性。

图书作为一种特殊的内容商品，兼有信息产品和传统工业品的双重特性，一方面，它具有信息产品的普遍特性，生产固定成本较高，而边际成本较低，且不断降低；但另一方面，由于传统纸质图书包含纸张、印刷等物质生产环节，它并不完全采取信息产品的定价策略，而是依据普通工业品的成本定价法，将间接成本按照销售额或定价的一定比例分摊到单位成本中，最后依照出版者确定的统一价格进行销售。① 在传统出版环境下，图书的工业品特性占据主导地位。根据卢盈军的总结，我国一本图书的定价大致包含五个部分：①直接生产成本，主要包括图书的原材料、印刷、包装、装帧等，约占图书定价的 25%~30%；②作者稿酬或版税，约占 8%~15%；③预期利润约占 10%~20%；④批销商折扣约占 5%~10%；⑤零售商折扣约占 25%~35%。② 从中可以看出，与图书生产、加工、运输相关的成本占据很大比重，仅从这一点来看，出版企业更多体现的不是文化企业的特性，而是工业企业的特性。正如香港联合出版集团总裁赵斌所言："智力生产高度依赖于物质生产将其物化，这个奥秘暗示着今天巨变的不可避免性。"③ 另外，由于图书是一种单一创意产品，针对每一本图书投入的知识、信息等核心生产要素和最终的产成品之间基本上是相互独立的，难以形成协同效应，而传统技术条件下图书内容的增值再利用空间又非常有限，这决定了图书的投入产出函数是一种接近线性的关系。随着信息与网络技术的发展，内容商品的信息产品属性凸显出来。一方面，生产的固定成本很高，边际成本则趋向于零；另一方面，新技术带来产

---

① 吴赟. 文化与经济的博弈：出版经济学理论研究 ［M］. 北京：中国社会科学出版社，2009：286.

② 卢盈军. 图书价格构成与定价策略 ［N］. 中华读书报，2002-9-13（11）.

③ 赵斌. 在共存与竞争中生存——传统出版产业的未来 ［J］. 编辑学刊，2011（2）：6-13.

品界限的模糊与实际用途的扩张，内容产品的再利用空间大幅提高，这两种效应的共同作用，使产品呈现出边际效益规模递增的趋势。

出版企业采纳新媒体技术，并不是简单的载体层面的变化，而是对传统出版生产方式的系统调整，其核心是回归文化企业的本质特性。由于信息产品与工业品生产方式上的根本差异，出版企业除了在产成品层面由纸质出版物向数字出版物转变，更重要的是对其商业定位和成本结构进行较大幅度调整，以实现数字化转型的目标。

3.4 小结

根据本书的研究目标，本章主要从组织创新采纳、产业融合与出版产品的经济特性三个方面梳理了相关的理论成果。其中，组织创新采纳是本书的核心理论基础，本书在对该理论过程范式与因素范式发展脉络进行总结的基础上，重点对其中的创新采纳过程理论、技术-组织-环境（TOE）框架理论、技术结构化理论等进行分析，并对资源理论视角与组织学习理论视角下的创新采纳研究进行梳理；产业融合则是本书探讨相关问题的基础环境，重点分析了产业融合的概念与内涵，以及产业融合对企业创新行为的影响等方面；针对出版企业创新问题的研究离不开对出版产品特性的把握，本书重点从需求与生产两个角度，对出版产品的经济特性进行理论剖析，并揭示数字化环境企业创新行为的特征。以上理论基础为后续分析框架的建立提供了铺垫。

第4章　分析框架构建与研究设计

分析框架的构建是本研究得以开展的关键。上一章已从组织创新采纳、产业融合、出版产品经济特性三个方面系统梳理了与本研究相关的重要理论。本章结合上述理论基础，立足出版企业特性，重点从组织创新采纳过程研究范式与因素研究范式，建立出版企业新媒体采纳的分析框架，并针对部分变量之间的关系提出相应的研究假设，最后就研究开展的具体步骤和统计分析方法进行说明。

4.1　整体分析框架概述

本书将出版企业新媒体技术采纳视作一个复杂的决策、实施与管理过程。一方面，依据组织创新采纳的过程理论，企业采纳新技术是企业主体受到内生动力与外部环境驱动，发现自身的技术需求，产生采纳新技术的动机，并在一定条件下形成创新采纳决策，然后依照决策方案进行相应的创新投入，并对实施过程开展有效的管理和控制。纵观整个过程，企业创新采纳大致包含创新采纳动机、决策、实施与管理等几个重要环节，企业最终利用技术的绩效表现取决于采纳各个阶段的实现情况。另一方面，从组织创新采纳绩效影响因素的角度，企业创新采纳的成功是在组织内部与外部环境多种因素综合作用下的结果，不同因素在其中起到的作用存在差异，其中某些因素对企业创新采纳起到关键作用。两种研究范式分析的目标和重点存在不同，前者是对组织创新采纳各个阶段的考察，以了解各个阶段的实现状况及其对最终绩效的影响，后者则是对影响因素的全面系统分析，以了解哪些关键因素促进或阻碍了技术采纳绩效，以及不同因素的影响程度和具体作用机制。借助不同的研究范式，本书能够对出版企业的技术采纳行为形成较为全面的认识和理解，同时对部分研究结果进行相互验证。

结合上述分析，本章立足出版企业自身条件，分别从组织创新采纳过程范式与因素范式建立起本研究的分析框架。首先是出版企业自身条件，相比于创新采纳行为特征，企业自身条件具有较强的稳定性，是决定企业采纳创新技术的基础，结合出版企业的相关特性，本章主要关注出版领域、规模、组织类型等自身条件及其对新媒体技术采纳绩效的影响。其次，根据创新采纳的过程理论，本章重点分析出版企业新媒体技术采纳的主要阶段，分别是采纳动机、采纳决策，以及采纳的实施与管理。其中针对采纳动机，本章主要关注出版企业技术采纳的动机及其对采纳绩效差异的影响；针对采纳决策，本章重点关注采纳决策的特殊表现，即拒绝创新采纳行为，探讨阻碍企业采纳新媒体技术的原因，同时分析出版企业采纳的主要技术类型，以及采纳方式；针对采纳实施与管理，本章主要关注出版企业的新媒体创新投入状况，同时验证出版企业新技术采纳的组织学习效应，并对新媒体管理创新与新媒体技术采纳之间的相互作用关系进行分析。通过对技术采纳不同阶段的深入研究，本章力求廓清出版企业与新媒体技术之间相互融合的过程。与采纳过程研究范式的阶段性分析不同，因素范式更着重于从整体上考察不同因素对技术采纳绩效的影响程度，这其中既包括一般信息技术采纳研究中涉及的诸如管理者支持、竞争压力等因素，还包括与出版企业创新发展相关的版权保护、内容资源优势等因素，对于这些因素的全面考察有助于弥补过程研究范式的不足，形成对出版企业新媒体技术采纳更为全面的认识。本章结合相关理论基础和我国出版业现状，从整体上提出影响出版企业技术采纳绩效的内部与外部影响因素，具体探讨不同影响因素的重要性程度，并为后文通过案例分析不同因素的作用机制提供铺垫。本研究具体的分析框架如图4.1 所示。

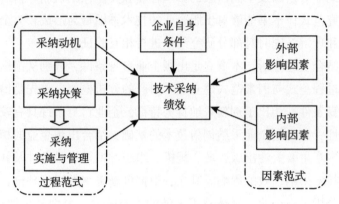

图 4.1 本研究分析框架

4.2 采纳绩效

新媒体技术采纳绩效（New Media Technology Adoption Performance，NMTAP）是本研究的因变量。根据研究目的的不同，组织技术采纳的因变量也有所不同，一般包括采纳意愿、采纳决策、采纳拒绝、采纳后使用等。本研究主要关注的是出版企业与新媒体技术相互融合以实现商业目标的程度。因此，有必要重点考察技术吸收（Assimilation）、技术融合（Infusion）等概念。

技术吸收一般被认为是技术在组织工作流程中扩散并实现常规化的程度，[1] 同时也是从采纳决策、评价、采用到最终执行的过程。[2] Chatterjee 等人从电子商务战略和电子商务活动两个层面对电子商务技术吸收进行操作化定义，其中战略层面主要指利用网络

① Tornatzky L G, Klein K J. Innovation characteristics and innovation adoption-implementation：a meta-analysis of findings ［J］. Engineering Management，IEEE，1982 (1)：28-43.

② Meyer A D, Goes J B. Organizational assimilation of innovations：a multilevel contextual analysis ［J］. The Academy of Management Journal，1988, 31 (4)：897-923.

技术促成营销和客户战略的程度（如吸引新的消费者），活动层面主要指针对特定的营销和面向客户活动的网络技术使用（如传播产品/服务信息或管理客户在线支付），并且吸收被视为不同部门管理者行动的累积结果。① 企业信息技术融合则是指企业采纳信息系统后，为提高企业绩效，通过各种措施敦促企业员工学习并接受信息技术，并对组织和信息技术进行适应性调整，最终产生新的思想、方法和技术，使信息技术与企业在各层面融为一体的持续动态过程。② 严格来说，技术融合包含在技术采纳之中，是企业技术采纳的最终目标。Horovitz 将技术融合划分为理性维度和社会维度，前者研究企业计划以及计划制定的方法，后者关注融合形成过程中人的因素。③ 综合相关学者的研究成果，本书将采纳绩效定义为出版企业吸收新媒体技术以带来新业务提升的程度。

考虑到本书的研究需要，这里还需要对采纳绩效进行量表设计。关于创新采纳绩效的衡量，有的学者倾向于采用客观的营运数据来衡量，有的学者偏向于由主管自评打分的方式来衡量。Govindarajan 认为，客观方式具有可重复确认的好处，但由于匿名回答等原因，也容易造成客观数据失真的情况。④ 参考相关学者对网络技术吸收的衡量方式，⑤ 结合我国出版业的发展现实与调查的

---

① Chatterjee D, Grewal R, Sambamurthy V. Shaping up for e-commerce: institutional enabler of the organizational assimilation of web technologies [J]. MIS Quarterly, 2002, 26 (2): 65-89.

② 齐晓云. 信息技术融合及其对组织绩效影响的实证研究 [D]. 长春: 吉林大学, 2011 (5): 33.

③ Horovitz J. New Perspectives on Strategic Management [J]. Journal of Business Strategy, 1984, 4 (3): 19-33.

④ Govindarajan V. Appropriateness of accounting data in performance evaluation: an empirical examination of environmental uncertainty as an intervening variable [J]. Accounting Organizations and Society. 1984, 9 (2): 125-135.

⑤ Chatterjee D, Grewal R, Sambamurthy V. Shaping up for e-commerce: institutional enabler of the organizational assimilation of web technologies [J]. MIS Quarterly, 2002, 26 (2): 65-89.

实际可操作性，本书采用主观与客观指标相结合的方式，对新媒体技术采纳绩效进行度量。

（1）其中主观指标主要参考 Chatterjee 等人对电子商务技术吸收的策略维度，设计问题项"出版企业应用新媒体产品技术的表现"，分别采用"提升了公司的企业形象""吸引到了新的用户""创造出了新的盈利模式"三个维度进行衡量，并分别用 NMTAP1、NMTAP2、NMTAP3 来表示。量表采取李克特五级尺度，从"非常不符合"到"非常符合"，由被调查者在其中进行选择。

（2）客观指标方面，主要参考中国新闻出版广电总局在数字化转型示范单位评选中开发的"图书出版单位数字化转型信息采集表"，采用"上一年度新媒体（数字出版）业务收入"及"数字业务收入占本单位总体营业收入比重"作为衡量标准。考虑到业务收入可能涉及企业商业机密，如果采取直接填答数值的方式，容易造成对方拒答，因此通过参考相关二手资料，并经过多位出版业内人士确认，结合出版企业实际状况设计相应的选项，供填答者选择。

4.3　企业自身条件

相比于创新采纳行为，企业自身条件具有更强的稳定性，往往对出版企业采纳新技术产生基础性影响。结合我国出版企业的现实状况，这里主要选取出版领域、组织类型、企业规模等变量。

4.3.1　出版领域

根据出版经济学相关理论，由于出版内容特征与用户需求强度存在结构性差异，不同领域的出版企业在数字化环境中也会表现出明显差异。Thompson 通过对近二十年英美高等教育与学术出版领域数字化变迁的历时考察，发现各自领域呈现出独特的变化趋势和内在逻辑，通过重建这种逻辑，能够有效揭示出不同出版领域面临的机遇和挑战。① 程三国与任殿顺借鉴欧美出版业发展模式，揭示了三大出版类别的数字化发展趋势。②③ 尽管有学者指出，仅仅依据三大出版类别而提出相应的数字化转型路径，还是存在一刀切的问题，忽视了同一出版类别下不同内容属性的差异。但必须指出的是，由于本研究主要是针对出版企业创新行为而非产品内容本身，采用三大出版领域作为控制变量有其合理性依据和便利性优势。因此，本书提出如下假设：

H1a：不同领域的出版企业在新媒体技术采纳绩效上存在显著差异。

4.3.2 组织类型

相比于现代出版产业视角下三大出版类别的专业性划分，我国出版业仍带有鲜明的行政计划配置的烙印。伴随着出版市场化改革，包括中央部委出版社、高校出版社、地方出版社等在内的不同组织类型的出版企业发生了很大的变化，但基于计划经济的组织类型架构依然在一段时间里影响甚至决定了出版企业的发展方式。本书依据国内出版业现状，同时也参考之前研究者的划分方式，将国内出版企业依据组织类型分为出版集团、中央出版社、高校出版社、归出版集团管理的出版社、民营出版公司、其他出版社等。值得注意的是，随着出版集团上市重组，越来越多的出版企业开始尝试收购或建立新媒体公司，预计这种方式将在未来几年成为出版企业新媒体创新的主要策略之一。因此，针对这种情况，本书设定，无论是出版集团全资或参股成立新媒体公司，还是集团内部设立新媒体业务部门，其组织类型都属于出版集团类别，只是在具体的新

---

① Thompson J B. Books in the digital age：the transformation of academic and higher education publishing in Britain and the United States［J］. Journal of Scholarly Publishing，2006，37（2）：143-153.

② 程三国. 理解现代出版业（上）［N］. 中国图书商报，2002-10-11（30）.

③ 任殿顺. 透视三大出版数字化转型的本质［J］. 编辑之友，2011（2）：23-25.

媒体业务部门设置中加以区分。因此，本书提出如下假设：

H1b：不同组织类型的出版企业在新媒体技术采纳绩效上存在显著差异。

4.3.3　企业规模

对于企业规模在企业技术创新活动中的影响，不同学者有不同看法。在 TOE 框架中，企业规模被视作是组织层面因素之一纳入考量，Damanpour 通过对文献进行分析发现，企业规模与创新呈现较强的相关性，也即企业规模越大，采纳新技术的程度就越高，并且这种相关性不受创新类型的影响。① 当然，并非所有研究都认同组织规模对创新采纳具有显著正相关性。Barras 的研究发现，银行企业规模与技术采纳之间并非简单的正相关，大型银行在早期增量性流程创新方面占据优势，而在后期更为激进的流程创新和产品创新方面，小型银行则发挥着重要作用。② 对于大型出版企业来说，由于本身规模所带来的管理需求和相对小企业所具有的资金优势，使得其在信息技术采纳方面具有较为明显的优势，这在应用 ERP 实践中得到印证。③ 然而，面对网络环境下的新媒体技术，这种规模优势是否依然存在，或者会由于规模庞大而变成一种转型障碍，值得深入探讨。

根据不同的研究对象，企业规模的度量方法也不尽相同，一般常用的维度包括企业员工数、资产总额和销售额。④ 作为典型的文化企业，单纯采用销售收入或总资产，抑或综合采用两者去衡量出

---

① Damanpour F. Organizational size and innovation [J]. Organization Studies, 1992, 13 (3): 375-402.

② Barras R. Interactive innovation in financial and business services: the vanguard of the service revolution [J]. Research Policy, 1990, 19 (3): 215-237.

③ 汪曙华. 我国出版业应用 ERP 实现管理信息化的趋势及掣肘 [J]. 怀化学院学报, 2007 (8): 26-28.

④ 马庆国. 电子商务与企业信息化：组织学习效应实证研究 [J]. 管理工程学报, 2004, 18 (2): 11-16.

版企业的规模和竞争力都难免存在偏颇。① 尽管如此，从实际应用情况来看，企业销售收入仍然是国际上衡量出版企业实力的主要标准。② 本书主要综合企业年销售收入与员工数量，对企业规模进行度量。因此，本书提出如下假设：

H1c：不同规模的出版企业在新媒体技术采纳绩效上存在显著差异。

4.4 采纳过程

组织创新采纳是组织与技术相互融合的过程。关于该过程，学界至今没有统一的界定，但基本达成共识的是以采纳决策为标志，分为前后三个阶段，即采纳前活动、采纳决策、采纳后活动。依照上述分类方式，本章将出版企业新媒体技术采纳过程分为采纳动机、采纳决策、采纳实施与管理三个阶段。以下分别对上述各阶段进行理论分析。

4.4.1 采纳动机

采纳动机指的是出版企业应用新媒体技术的内生化驱动力。有学者指出，内生动力的推动直接决定着企业技术创新采纳行为的有无和成败。③ 考虑到采纳动机的重要性，本书将其作为采纳前阶段展开重点分析。Dong 与 Saha 认为，解释创新采用率不仅需要考察采用决定和一系列内部因素的关系，还要分析包括采用动机和强度等因素，④ 不同动机和强度的采纳对调动企业资源和能力的需求存

---

① 出版集团排行出炉 凤凰集团年收入列第一 ［EB/OL］．［2013-09-04］. http：//book. sina. com. cn/news/c/2010-04-19/1248268322. shtml.

② 本刊编辑部. 全球最大出版社 2011 年收入排名公布 ［J］. 出版参考，2012 （13）：51.

③ 朱丽献. 企业技术创新采纳的内生动力与行为研究 ［J］. 辽东学院学报 （社会科学版），2010 （2）：38-42.

④ Dong D, Saha A. He came, he saw, （and） he waited：an empirical analysis of inertia in technology adoption ［J］. Applied Economics, 1998, 30 （7）：893-905.

在较大差异。①

关于技术采纳动机，不同学者从不同角度给出各自的结论。Barratt 和 Rosdahl 从电子商务的价值角度论证了企业的采纳动机包括效率、补偿性、锁定和新颖性。② Truong 认为企业采纳电子商务还受到社会规则、制度、舆论等制度性因素的影响，这些制度性因素对于组织的决策行为产生推动或者阻碍作用。③ 熊焰根据交易成本理论、关系理论、制度理论，分别将企业电子商务采纳的动机归结为效率、关系与合理性动机。④ 其中效率动机主要关注新技术对企业所带来的直接价值，如透明的市场价格和更低的交易成本等；关系动机则将焦点放在稳定企业之间的合作关系，增进彼此间的信任；合理性动机则是企业按照现行的社会规则和制度来判别自身的行动和绩效。

对出版企业来说，采纳新媒体技术自然也包括上述动机类型，譬如开拓新的产品市场、受到政策驱动，还有增进与下游企业之间的关系等，但更重要的是，新媒体技术作为一种具有颠覆性的创新技术，会对出版企业传统业务造成事实上的冲击，这也会使某些出版企业感受到传统业务下滑所带来的压力，被迫转向新媒体业务。当然，考虑到市场环境尚未成熟等因素，国内出版企业也会将新媒体业务作为一种尝试获取数字创新经验的有效方式。综合上述理论和研究成果，同时结合出版企业的发展现状，本书将出版企业创新采纳的动机分为以下几种：弥补传统业务下滑、开拓新的产品市场、获取数字创新经验、政策驱动、增进与下游企业的关系等。本

① ［美］阿兰·B. 阿尔可瓦兰. 传媒经济与管理学导论［M］. 崔保国，等，译. 北京：清华大学出版社，2010：251.

② Barratt M, Rosdahl K. Exploring business-to-business marketsites［J］. European Journal of Purchasing & Supply Management, 2002, 8（2）：111-122.

③ Truong D. An empirical study of business-to-business electronic marketplace usage: the impact of buyers' e-readiness［J］. Journal of Organizational Computing and Electronic Commerce, 2008, 18（2）：112-130.

④ 熊焰. 我国中小企业电子商务采纳动机实证研究［J］. 研究与发展管理, 2009, 21（3）：105-112.

书提出如下假设：

H2：不同采纳动机的出版企业在新媒体技术采纳绩效上存在显著差异。

4.4.2 采纳决策

当技术采纳动机激发到一定程度，企业就会进入到采纳决策阶段。决策是决策者评估和取舍执行方案的过程，广义上的决策贯穿企业整个创新管理活动。当然，考虑到本书的研究目的，这里的采纳决策主要是指企业技术采纳过程中的重要一环，关注的核心问题包括出版企业是否采纳新媒体技术，尤其强调拒绝创新采纳的决策行为；另外，针对企业具体的决策内容，关注其采纳的技术类型，以及采纳新技术的方式。

4.4.2.1 拒绝创新采纳行为

拒绝创新采纳属于采纳决策范畴，是相对于企业技术创新采纳而提出的，两者是因一个决策问题而产生的两个选择行为。① Gatignon 和 Robertson 指出，企业技术创新采纳拒绝是企业认知到技术不相容性和市场不确定性后作出拒绝技术创新采纳的决策行为。② 基于此，本书将拒绝创新采纳定义为出版企业在评估创新机会后，作出不采纳新媒体技术的决策行为。

朱丽献认为，企业拒绝创新采纳主要有两个方面的原因：一种是因创新障碍因素直接导致的拒绝创新采纳，譬如市场风险等消极因素累积到一定程度后，超过企业的承受范围，企业作出拒绝或延迟采纳的决定；另一种是经过创新机会评估后所做出的理性决定，即在某时放弃对某项创新的采纳。大量研究表明，面对新媒体技术，我国出版企业犹豫彷徨者较多，即便在开展新媒体

---

① 朱丽献. 企业技术创新采纳拒绝行为的内涵及产生原因 [J]. 辽东学院学报（社会科学版），2009（5）：36-40.

② Gatignon H, Robertson T S. The impact of risk and competition on choice of innovations [J]. Marketing letters, 1993, 4 (3): 191-204.

业务的企业中，其在企业总体业务中所扮演的作用往往是微不足道的，这也使得拒绝创新采纳成为出版业转型升级必须要正视的问题。

本书在说明阻碍出版企业创新采纳原因的基础上，也试图对创新采纳类与拒绝采纳类企业面临问题的差异情况进行对比分析。通过借鉴相关调查设计，① 本书在问卷中针对这两类企业设计共同题项，即"出版企业应用新媒体产品技术面临的主要问题"，其中具体包括创新风险过高、难以选择创新目标、创新环境不佳、创新人才缺乏、创新动力不足、管理机制不顺、创新资金不足等选项。

4.4.2.2 采纳技术类型

针对新媒体技术采纳，本书并没有限定具体某一种技术类型，而是依据产品形态特点对当前出版企业采用的主流新媒体技术进行划分，具体包括电子书、电子阅读器/平板电脑、按需出版（按需印刷）、移动阅读客户端、商用数据库、数字内容平台、网络教学服务、电子书包等。由于企业自身条件的差异，以及各自不同的采纳动机，往往会造成技术类型选择上的差异，如大众出版企业可能更倾向于采纳电子书技术，选择开拓新的产品市场的企业可能更倾向于采纳类似语义出版物等新的技术类型。针对企业采纳新媒体技术类型的统计，能够在一定程度上反映国内出版企业整体的创新策略目标，为相应的采纳行为分析提供必要的支持。

当然，由于技术的发展，产品形态呈加速变化态势，从产品角度进行划分往往面临时效性的问题，但考虑到本研究的主要目的是对现阶段出版企业新媒体技术采纳整体状况的把握，并非就其中具体某一项技术展开深入分析，因此具有其合理性。

---

① 中国企业家调查系统课题组. 企业创新：现状、问题及对策——2001 年中国企业经营者成长与发展专题调查报告 [J]. 经济研究参考，2001（52）：14.

4.4.2.3　采纳方式

采纳方式同样是决策行为的重要方面，在明确开展创新活动的方向前提下，企业需要确定采取何种方式进行创新采纳。根据企业创新采纳来源，一般可将创新采纳分为自有式创新采纳与引进式创新采纳。由于采纳方式在特定情境下会转化为企业为获取创新资源而进行的优化配置的制度安排，其本身内涵有创新组织模式的特征。国外学者按照不同的标准，对企业创新组织模式进行不同的分类，大致上可将组织模式分为正式模式和非正式模式，其中正式模式主要包括自主创新、企业并购与技术联盟三种方式。非正式模式的形式则比较广泛，往往会以比较松散的交流合作方式开展，也会伴随着正式模式而发挥作用。

近几年，随着新技术的影响和出版体制改革的加快，传统出版企业也逐步开始尝试利用多种手段吸收新媒体技术，包括与 IT 企业成立合资公司，或者多家机构单位成立的创新联盟等。结合相关理论和出版业发展现实，本书将采纳方式分为自主研发、企业并购、技术联盟和技术外包等。不同的采纳方式决定企业采取的创新策略和实际的创新投入，进而对企业最终的绩效表现产生影响。因此，本书提出如下假设：

H3：不同采纳方式的出版企业在新媒体技术采纳绩效上存在显著差异。

4.4.3　采纳实施与管理

企业在确认创新采纳方式后，需要全面实施采纳方案，并对实施过程进行有效管理。企业的创新采纳不仅仅是一个技术问题，更是与诸多非技术要素，如企业战略、组织结构、知识能力等相互协同的过程。这其中涉及企业的资金投入、组织学习，以及由此伴生的管理问题。本节主要对出版企业新媒体创新投入的基本特性进行分析，并从组织学习的角度，分析出版企业的信息技术应用能力及企业资金投入、政府资金支持等对新媒体技术采纳绩效的影响；同时对企业管理创新与新技术采纳的相互作用关系进行探讨。

4.4.3.1　新媒体创新投入

一般认为，企业技术创新采纳具有高投入性的特征，① 这主要可以从资源配置的机会成本与创新实施的复杂性角度得到解释。从资源配置角度来看，企业采纳某种创新技术往往是以放弃另一种创新资源为代价，这其中就涉及机会成本的问题，企业的真实投入远高于显性的资金投入；而从具体的创新实施的角度来看，创新采纳不仅仅是对技术、设备的投入，还包括对企业组织变革、知识学习的持续投资，创新实施的复杂性往往要求企业投入更高的成本。

由于传统出版企业一般以图书为主要产品类型，相应的生产流程和方式具有明显的固化特征，较难适应数字化时代的发展需要。尽管借助先进的管理学理论和信息传播技术手段，出版企业有可能实现出版业务流程再造，但依然面临较高的技术转换成本，尤其是目前传统出版业务仍作为出版企业主要业务的状况下，机会成本往往更大。另外，相比于桌面排版技术的引入，新媒体技术采纳是对出版企业商业理念、运行机制、组织架构的全面调适，其创新所面临的复杂性和不确定性也意味着需要更大的资源保障。为此，本书采用企业上一年度新媒体业务资金投入作为衡量指标，测量出版企业对新媒体创新的投入（Enterprise Investment，EI）。相比于一般企业，我国出版企业除了利用自有资金投资新技术应用外，还通过项目申报等形式获得政府支持，因此，有必要将政府对新媒体业务的资金支持（Government Investment，GI）纳入考察范围，这里以近 3 年企业获得政府部门有关新媒体的资金支持作为衡量指标。

4.4.3.2　组织学习效应

根据组织学习理论，企业对新技术的吸收能力很大程度上取决于原有相关知识。相关研究表明，如果企业无法针对持续性组织学

---

① 朱丽献. 企业技术创新采纳研究［D］. 沈阳：东北大学，2008.

习进行投资，其面临技术中断的可能性将增加。① 对一般企业而言，应用信息技术越多、越频繁，企业积累的经验也就越丰富，相应的知识技能和对新技术的吸收能力也就越强。马庆国通过对国内企业的研究发现，企业采纳信息技术程度和电子商务活动投资对其开展电子商务的程度有显著影响，而且前者的影响要大于后者。②

早在 20 世纪 90 年代，信息化技术逐渐被引入到我国出版业，出版企业利用数字技术使编辑和印刷环节数字化，在削减成本的同时提高了传统出版的工作效率。近几年，出版企业技术升级的重点逐渐由传统出版流程数字化转向适应新媒体环境下的出版流程再造，逐渐改革并探索形成新的业务模式，最终实现出版企业的转型升级。在这个转型过程中，出版企业原有的相关知识，使其具备了认识技术价值和将新技术应用于商业的能力。正如麦格劳·希尔公司所提到的，如果没有此前将印刷版图书转变成光碟以及其他的一些数字化经验，那么当前公司在运用标准通用标记语言向数字化出版迈进时便会面临巨大的经济和时间开支。③ 从组织学习的角度看，信息化水平反映了企业对信息技术吸收的状况，它对出版企业采纳新媒体技术具有重要影响。本书采用核心业务的信息化水平（Information Level，IL）作为衡量该指标的方式。

除了采纳信息技术的程度，研究表明，当企业对学习进行投资，这将促进企业获得知识与开发技术的能力，提高其对新技术的吸收能力。④ 因此，出版企业对新技术应用的投资（EI）同样对最

---

① Schilling M A. Technological lockout：an integrative model of the economic and strategic factors driving technology success and failure ［J］. The Academy of Management Review，1998，23（2）：267-284.

② 马庆国，李艾. 电子商务与企业信息化：组织学习效应实证研究［J］. 管理工程学报，2004，18（2）：11-16.

③ 徐丽芳. 数字出版概念与形态 ［J］. 出版发行研究，2005（7）：5-12.

④ Schilling M A. Technological lockout：an integrative model of the economic and strategic factors driving technology success and failure ［J］. The Academy of Management Review，1998，23（2）：267-284.

终新媒体技术采纳绩效具有至关重要的作用。此外,政府对新媒体业务的资金支持(GI)也在一定程度上促进了企业对新技术的学习。对此,本书提出如下假设:

H4a:出版企业信息化水平对新媒体技术采纳绩效存在显著影响。

H4b:出版企业新媒体业务资金投入对新媒体技术采纳绩效存在显著影响。

H4c:出版企业获得政府资金投入对新媒体技术采纳绩效存在显著影响。

根据上述三个假设,本书建立模型如图 4.2 所示。

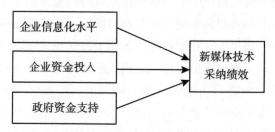

图 4.2 新媒体技术采纳的组织学习效应模型

4.4.3.3 新媒体管理创新

管理创新绩效(Managerial Innovation Performance, MIP)是本书的重要变量。根据组织创新相关理论,技术创新与管理创新是组织创新中不可分割的两个组成部分。Damanpour 通过对组织创新相关研究的分析发现,大部分学者都认同技术创新与管理创新的"双核心"分类方式。① 技术创新与管理创新代表着不同的创新决策流程,共同作用于组织变革。前者主要关注于产品、服务以及生

---

① Damanpour F. Organizational innovation: a meta- analysis of effects of determinants and moderators [J]. The Academy of Management Journal, 1991, 34 (3): 555-590.

产流程方面的技术，后者包含组织结构和管理进程方面的创新，间接作用于企业的生产流程。

　　相关实证研究表明，技术创新与管理创新之间存在显著正相关性。① 一般认为，企业会针对一项成功的技术创新采纳而进行相应的组织结构和流程，乃至员工行为的调整。比如当银行推出一项新的服务时，通常也需要配置一组新的管理机制去评估和控制其绩效，这是一种典型的社会结构适应技术体系的表现。当然，从历时角度看，技术创新与管理创新之间的关系绝非单纯的前者作用于后者的关系。某项新技术之所以能够成功地被企业所采纳，更多源于企业本身所具备的技术和管理能力。② 为了确保技术在组织内部顺利地施行，需要企业具备开放创新的环境和条件。黄培伦等学者的研究表明，技术创新对组织绩效没有显著的直接影响，必须通过管理创新才能产生显著正向影响，③ 这反映出管理机制会在很大程度上制约技术创新作用的发挥。Trist 提出，企业如果同时并且平等地采用管理创新和技术创新，将有助于维持公司内技术系统与社会结构（social structure）间的平衡。④

　　随着出版企业新媒体技术应用程度的不断提升，与技术创新相关的管理创新被提上了议事日程。胡誉耀借用颠覆性创新理论提出，数字化变革对出版业体制创新、组织架构等方面带来颠覆性影响，这将促使开展数字业务的出版集团在新的环境下进行机制、流程和组织创新的调整。⑤ 出版流程管理是出版企业管理创新的重要

① Damanpour F, Szabat K A, Evan W M. The relationship between types of innovation and organizational performance ［J］. Journal of Management Studies, 1989, 26（6）: 587-602.

② Nord W R, Tucker S. Implementing routine and radical innovations ［M］. Lexington, Mass: Lexington Books, 1986: 11.

③ 黄培伦，尚航标，招丽珠. 组织创新、组织能力和组织绩效的关系研究 ［J］. 管理学报, 2008, 5（2）: 250-257.

④ Trist E. The evolution of socio-technical systems ［J］. Occasional paper, 1981（2）: 1981.

⑤ 胡誉耀. 我国出版集团公司治理研究 ［D］. 武汉：武汉大学, 2010.

方面，秦艳华认为，应当立足多种介质出版品共存的经营业态转变出版流程管理的功能，着眼于市场需求和效益最大化重新调整出版流程的运营模式。①

借鉴相关研究成果与访谈结果分析，本书对新媒体管理创新绩效采取操作化定义，采用"建立起新的组织结构""建立起新的绩效考核方式""建立起新的项目决策与评价机制"三个问项进行测量，分别用 MIP1、MIP2、MIP3 来表示。本书提出如下假设：

H4d：出版企业新媒体技术采纳绩效与新媒体管理创新绩效之间存在显著正相关。

4.5　采纳绩效影响因素

影响组织创新采纳绩效的因素较为丰富，且不同因素间往往存在交叉，这给研究者总结相关因素带来不小的困难。在已有的关于组织创新采纳影响因素的研究中，研究者较多采用系统性较强的 TOE 框架模型，并将具体的影响因素置于该框架中进行讨论。根据 TOE 模型，企业采纳新技术受到环境、组织与技术三个维度的因素影响。然而考虑到本研究关注的是技术采纳绩效的影响因素，且没有特别针对某一种具体的新媒体技术进行考察，而是从整体上对新媒体技术采纳展开研究，因此技术层面诸如复杂性、兼容性等因素并不突出。此外，由于新媒体技术采纳的特殊性，技术层面的因素往往是与组织层面因素相互作用后对最终的采纳绩效产生影响，因此可以将两者合并为内部影响因素。

针对具体影响因素的选择，本书充分照顾到我国出版企业的普适性与特殊性。结合组织创新采纳等相关理论，本书选择企业创新采纳研究中普遍采用的一些影响因素，如竞争压力、管理者支持、组织沟通等，同时考虑到出版企业采纳新媒体技术的特殊性，选择版权保护、战略合作等作为重要的外部影响因素。值得注意的是，

---

① 秦艳华．数字时代出版流程管理创新的思考［J］．出版发行研究，2012（5）：59-61．

关于信息化水平、企业资金投入、政府资金支持等因素对新媒体技术采纳绩效的影响，尽管在新媒体技术采纳实施阶段的研究中予以关注，但主要是验证其影响的显著性，对具体影响程度的认识并不充分，因此有必要将其纳入到因素范式中进一步研究，以了解它们在诸多因素中的实际影响权重。此外，通过深度访谈，本研究对影响因素进行了必要的探索性研究，综合业界与学界多位专家的合理意见，对原先设计的部分因素进行补充和调整，最终形成完整的影响因素列表（见表4.1）。

表4.1　本研究设定的主要影响因素所对应的理论支持

因素结构	影响因素	理论来源
外部影响因素	政府支持	技术结构化理论、TOE 框架模型
	竞争压力	资源理论、TOE 框架模型
	版权保护	结合出版业实际自拟
	需求状况	出版产品经济特性
	战略合作	资源依赖理论、社会资本理论
内部影响因素	资源优势	资源基础理论、技术结构化理论
	管理者支持	技术结构化理论
	企业核心能力	资源基础理论
	组织沟通	技术结构化理论、组织学习理论
	信息化水平	技术结构化理论、组织学习理论

通过上述方法，本研究选取了十个主要影响因素，并对其中部分因素进行细分。以下将对所选择的影响因素进行具体分析。

4.5.1　外部影响因素

组织创新采纳的相关理论普遍对外部环境因素予以关注，Desanctis 与 Poole 在适应性结构理论（Adoptive Structuration Theory，

AST）中指出外部结构源因素对采纳信息技术具有重要作用。① 资源依赖理论则将从外部获取重要的战略资源视作企业创新的关键。以下主要根据相关理论，结合我国出版企业发展现状，对相关的外部因素进行界定和分析。

4.5.1.1　政府支持

政府支持是指政府部门为管理和促进出版企业数字化转型，为实现一定的目标而制定的方针、措施和行为准则，同时提供必要的资金支持。在 TOE 框架中，政府管制就作为基本因素被纳入考虑。② Kuan 与 Chau 通过对香港小企业的研究，发现感知政策压力对企业采纳电子数据交换技术（EDI）存在显著影响。③

20 世纪 90 年代，克林顿政府提出建立"信息高速公路"这一振兴美国的重要举措，该计划为美国数字出版企业的持续创新提供了强有力的政策支持，也为今天电子书产业的蓬勃发展奠定了坚实的基础。此外，美国政府于 1998 年颁布了《数字千年版权法》（*Digital Millennium Copyright Act*，*DMCA*），该法案成为数字化环境下著作权保护的重要法律依据。已有研究表明，政府政策对发展中国家企业的技术创新同样存在显著影响。近几年，国务院颁布的《文化产业振兴规划》和新闻出版总署印发的《关于进一步推动新闻出版产业发展的指导意见》都将数字出版纳入重要扶持领域。在出版企业数字化转型的背景下，政府的鼓励和支持成为企业创新采纳的重要支撑之一。但另一方面，准入许可、多部门管理等现存管理制度与新媒体业务发展之间存在的深层次矛盾，也对企业采纳

① Desanctis G，Poole M S. Capturing the complexity in advanced technology use：adaptive structuration theory［J］. Organization Science，1994，5（2）：121-147.

② Baker J. The technology-organization-environment framework［M］// Information Systems Theory. New York：Springer，2012：231-245.

③ Kuan K K Y，Chau P Y K. A perception-based model for EDI adoption in small businesses using a technology-organization-environment framework［J］. Information & Management，2001，38（8）：507-521.

创新技术存在一定制约。① 除了制定相应的政策助推数字出版产业的发展，政府还通过项目申报等方式为企业提供直接的资金支持，尤其是针对行业内领先企业，相应的支持尤为明显。

基于上述分析，本书将政府支持视为影响出版企业新媒体技术采纳绩效的因素之一，考虑到现实中政府对企业创新的支持，主要是通过制定相应的产业政策和直接的资金扶持两种主要方式，因此将这两种方式作为政府支持因素的两个子因素。

4.5.1.2 竞争压力

竞争压力是指出版企业在产业环境中感受到来自行业内外竞争对手创新所带来的压力。波特在竞争战略理论中认为，信息技术对组织的作用包括影响产业结构、创造竞争优势超越同行业竞争者、创新产业模式来改变竞争环境。② Goel 和 Rich 针对私营企业采用新技术的动机展开研究，结果发现，面临激烈市场竞争的企业更有可能采用技术创新。③ Premkumar 和 Ramamurthy 在对跨组织系统的研究中发现，企业在增强内部实力的需要以及获取竞争优势的压力下，会主动采纳新技术。④ 一般来说，竞争压力对企业创新采纳行为发生作用主要来自几个方面：一是竞争对手采用创新技术获得竞争优势，Chan-Olmsted 和 Ha 研究发现，许多本地电视台决定采用互联网技术，主要是因为相关竞争者推出了在线服务；二是传统商业模式受到基于新技术的商业模式的冲击，如传媒企业所面临的

---

① 张大伟. 技术进步与制度惯性：对中国数字出版产业发展的一种思考 [J]. 东岳论丛，2009，30（11）：154-157.

② Porter M E, Millar V E. How information gives you competitive advantage [J]. Harvard Business Review, 1985, 36 (4)：149-174.

③ Goel R K, Rich D P. On the adoption of new technologies [J]. Applied Economics, 1997, 29 (4)：513-518.

④ Premkumar G, Ramamurthy K. The role of interorganizational and organizational factors on the decision mode for adoption of interorganizational systems [J]. Decision Sciences, 1995, 26 (3)：303-336.

挑战；三是行业标准出现新的变化，导致企业必须加快技术转型。① 上述效应会对企业创新采纳起到综合的影响，不仅体现在采纳意图上，也会延伸到最终采纳的方式和绩效上。近几年网络教育市场持续火热，尤其是开放教育资源（OER）的创新模式的出现，促使传统教育出版企业加快由纯粹的教育内容提供商向教育服务商转型，② 其中高等教育出版社、上海外语教育出版社等企业的数字化转型已初见成效。

基于上述分析，我们考虑将竞争压力作为出版企业创新采纳绩效的影响因素。鉴于目前出版企业所面临的竞争压力包含行业内与行业外，它们对出版企业创新绩效的影响也有所不同，因此我们有意将竞争压力分成行业外竞争压力与行业内竞争压力两类，以更好地区分两类竞争压力的影响程度。

4.5.1.3 版权保护

本书中版权保护是指通过相应的制度安排和技术手段对网络环境下的版权进行有效控制的方式。版权无论对数字出版还是传统出版来说，都具有战略性、资源性意义。③ 根据出版经济学相关理论，版权保护是维持出版产品经济垄断性、保障出版企业经营收益的重要基础。姚颉靖与彭辉以 1999—2008 年的国内数据为样本，采用灰色关联法对版权保护与文化产业创新能力之间的关联度进行的定量分析表明，版权保护对创新投入能力、创新产出能力和创新管理能力的影响都比较显著。④ 李华则通过手机出版、网络游戏、

---

① Chan-Olmsted S M, Ha L S. Internet business models for broadcasters: how television stations perceive and integrate the Internet [J]. Journal of Broadcasting & Electronic Media, 2003, 47（4）: 597-616.

② 蔡鸿程. 教育出版要走数字化创新之路 [J]. 编辑之友, 2010（4）: 14-15.

③ 阎晓宏. 关于出版、数字出版和版权的几个问题 [J]. 现代出版, 2013（3）: 5-9.

④ 姚颉靖，彭辉. 版权保护与文化产业创新能力的灰色关联分析 [J]. 首都经济贸易大学学报, 2011（2）: 31-37.

网络广告、电子书四类细分市场的案例分析，揭示出版权保护是数字出版发展的基石。① 而目前在出版企业最主要的新媒体业务——电子书销售领域，数字版权保护状况不甚理想。据相关调查显示，我国 1425 家电子书网站中，真正提供正版电子书销售的网站仅占 4.49%。②

当然，对于版权保护在数字出版创新中的作用，一直存在不同的声音。夏伊对垄断经营者销售具有网络特性的产品进行考察后认为，由于具备网络特性，这类产品的价值取决于使用者的数量，在这种条件下，销售商甚至愿意取消版权保护，因为非法复制品的存在将增加合法拷贝的价值。③ 作为一种限制性版权保护技术的代表，数字权利管理也一直处于限制和反限制的纷争之中。④ 如果回顾版权发展的历史，可以发现版权法总是随着技术进步与产业发展而不断修补，更多体现为一种动态平衡机制。⑤ 相对于纯粹的版权保护，建立在数字版权保护基础上的版权运营是出版企业创新的关键。因为版权本身并非出版企业天然拥有，出版企业需要通过有效的运作来实现版权收益的最大化，从而赢得创作者的信赖，保障企业持续创新的动力和源泉。

相比于其他类型企业，出版企业的创新行为会受到版权保护的重要影响，因此我们将版权保护作为影响出版企业新技术采纳绩效的特殊因素对待，分析其在出版企业创新活动中的影响作用。

---

① 李华. 从典型案例看版权保护是数字出版发展的基石 [J]. 科技与出版，2011（5）：4-6.

② 郝振省. 2008 年中国数字版权保护研究报告 [M]. 北京：中国书籍出版社，2008：12.

③ [美] 布赖恩·卡欣，哈尔·瓦里安. 传媒经济学：数字信息经济学与知识产权 [M]. 常玉田，译. 北京：中信出版社，2003：3.

④ 张今，卢亮. 版权保护、数字权利管理与商业模式创新 [J]. 学术交流，2009（8）：52-55.

⑤ 季芳芳，于文. 英国版权制度改革对我国数字出版的启示 [J]. 编辑学刊，2013（2）：56-60.

4.5.1.4 需求状况

本书中需求状况是指消费者愿意且能购买出版企业新媒体产品的状况。在 TOE 理论框架中，市场需求的不确定性属于企业技术采纳外部环境影响因素中的重要组成。与此同时，市场导向与组织创新之间的关系也是学者们关注的焦点，Slater 与 Narver 认为创新是一种"核心价值创造能力"（core value-creating capabilities），成功的创新被视为是市场导向文化与企业家精神相结合的结果。① 值得注意的是，过往的研究普遍将市场需求视作一个不可分割的整体，而实际上市场需求是一个发展过程，不同阶段对企业技术创新的影响是不同的。其中前导需求向新导需求过渡阶段，往往孕育突变型创新，而在新导需求和竞争激烈的现导需求阶段，企业主要利用市场信息反馈进行渐进性创新。② 整体而言，市场不确定性与竞争都会促进企业创新采纳。

媒体产品特性决定了它会更多受到动态用户、文化偏好的影响，环境的不确定性增加了传媒企业采用新技术的风险。③ 作为现代信息服务业的重要组成，数字出版也必须以客户信息需求为终极导向，以满足用户需求为最终目的。④ 郭亚军认为，用户信息需求是数字出版的原动力和逻辑起点，在此基础上提出基于用户信息需求的数字出版模式。⑤ 值得注意的是，我国数字出版市场表面繁荣

---

① Slater S F, Narver J C. Does competitive environment moderate the market orientation-performance relationship? ［J］. Journal of Marketing, 1994, 58（1）: 48-55.

② 周怀峰. 市场需求发展阶段对企业技术创新的影响 ［J］. 科技进步与对策, 2009, 26（23）: 80-83.

③ ［美］阿兰·B. 阿尔可瓦兰. 传媒经济与管理学导论 ［M］. 崔保国, 等, 译. 北京: 清华大学出版社, 2010: 243.

④ 王加胜. 客户信息需求: 数字出版的核心归旨 ［J］. 出版广角, 2011（12）: 61-62.

⑤ 郭亚军. 基于用户信息需求的数字出版模式 ［M］. 北京: 世界图书出版公司, 2010: 63-65.

的背后，也存在由供给过剩所导致的需求约束，产品多元化未形成持续增长的需求，企业规模扩大未把潜在需求转变为现实需求。①广义上，我国数字内容的市场需求是存在的，而且很大，但对出版企业而言，更具有实质意义的付费用户需求却是相对不足的。因此，出版企业一方面需要考虑如何利用并转化潜在的用户需求；另一方面需要结合企业自身的资源禀赋，提升自身新媒体产品或服务的刚性需求。但无论如何，用户对新媒体产品的实际消费需求都是支撑企业创新绩效的关键要素。

综合上述分析，本书将新媒体产品需求状况作为影响出版企业新媒体技术采纳绩效的外部影响因素之一。

4.5.1.5　战略合作

战略合作是指出版企业与其他组织为实现各自战略发展目标，通过正式或非正式契约建立起相应的合作关系。根据资源依赖理论与社会资本理论，战略合作/联盟在企业获取竞争优势方面发挥着重要作用，被视为最重要的组织创新方式之一。②中小企业可以通过与科研机构建立战略技术联盟，提高企业的研发能力，进而提升产品的创新力与竞争力。③需要指出的是，以往的研究更多将企业视作独立竞争的实体，缺少从战略网络的结构特征考察战略联盟对企业创新的影响。随着社会网络研究方法的引入，相关的研究开始从战略网络视角展开。战略网络指的是稳定的企业间关系，它对网络中的企业具有战略重要性。这种伙伴关系可以帮助网络中的企业获得信息、市场和技术，有利于风险共担，同时提供分享知识和促

---

① 李燕. 需求约束对数字出版产业的影响研究 [D]. 上海：上海师范大学，2011.

② 孟琦. 战略联盟竞争优势获取的协同机制研究 [D]. 哈尔滨：哈尔滨工程大学，2007.

③ 孙艳. 技术创新与战略技术联盟——我国中小企业增强 R&D 能力的分析 [J]. 科研管理，2002，23（1）：12-16.

进学习的机会,①　而这些因素都对企业创新采纳具有积极的影响。

对于我国相对分散的出版市场结构而言,战略联盟同样具有重大意义,一方面,它有助于提升传统出版企业的数字技术水平,增强其核心竞争力,同时在资源整合与共享过程中减少过度竞争;②另一方面,它能为试图占有新技术的新媒体公司提供信息、资源、市场、技术、信用与合法性的机会。③ 相关学者也提出战略联盟的组建方式,包括基于现有价值链上游的横向组建模式和基于价值链一体化重构的组建模式。除此之外,基于现实资源和虚拟资源全新整合方式的非竞争性战略联盟也值得数字出版企业借鉴。④ 随着出版体制改革的深入,传统出版社与新媒体公司、民营出版公司之间的跨地区、跨行业、跨所有制的合作联盟变得日益频繁,这其中就包含着资源、技术共享,获取合法性机会等战略意图。2012 年,时代出版传媒股份有限公司就牵头联合国内多家高校科研机构、出版单位、数字出版技术服务商、风险投资机构等单位,成立"数字与新媒体产业技术创新战略联盟"⑤,这有效促进了我国数字出版产业由过去各自为政的状态向企业联合的规模化方向发展。《中华读书报》更是将"出版集团异业合作频仍"列为 2012 年十大出版事件之一。⑥

考虑到现实中出版企业主要选择的合作对象,我们将战略合作

①　Gulati R, Nohria N, Zaheer A. Strategic networks [J]. Strategic Management Journal, 2006, 21 (3): 203-215.

②　金更达, 樊晓燕. 战略联盟: 传统出版商数字出版竞合发展模式研究 [J]. 中国出版, 2009 (7): 57-59.

③　[美] 阿兰·B. 阿尔可瓦兰. 传媒经济与管理学导论 [M]. 崔保国, 等, 译. 北京: 清华大学出版社, 2010: 250.

④　周丹华. R&V 非竞争性战略联盟——数字出版产业的双赢模式 [J]. 出版发行研究, 2012 (6): 13-16.

⑤　数字与新媒体产业技术创新联盟在安徽合肥签约成立 [EB/OL]. [2013-09-15]. http: //www. most. gov. cn/dfkj/ah/zxdt/201204/t20120413 _93699. htm.

⑥　2012 年十大出版事件 [EB/OL]. [2013-09-15]. http: //news. xinhuanet. com/book/2012-12/27/c_124153758_2. htm.

因素又细分为与 IT 企业的战略合作、与传统媒体的战略合作，以及与科研机构的战略合作。

4.5.2 内部影响因素

在组织技术采纳的研究中，无论是资源理论视角，还是组织学习视角，都对组织内部因素予以高度重视，一般认为它们能够起到基础甚至决定作用。相关研究表明，即便在同一行业领域内，不同企业的发展绩效仍然存在显著差异。① 以下主要根据相关理论，结合我国出版企业发展现状，对组织内部因素进行界定和分析。

4.5.2.1 资源优势

资源优势是指出版企业对采纳新媒体技术所需资源的准备状况。对采纳新技术的企业而言，都需要在资金、人力、技术等方面做好相应的准备以应对技术创新过程中的成本与风险。相关研究表明，组织拥有资源的富余程度会对组织创新采纳产生一定的影响，② 一般来说，规模较大的组织，相关的技术和资金资源都比较充沛，能够减少创新过程中的障碍因素。③ 当然，根据资源基础理论的观点，所谓的资源优势并不单纯体现在资金和规模上，而其真正的核心体现在资源的异质性上。正如有学者提到："企业竞争力的提升可在短期内通过制造或外购等方式获取资源加以构建，但任何仅利用这些轻易获得的资源所挖掘出的竞争力，无论其效用如

---

① Foss N J. Resources, Firms, and Strategies: A Reader in the Resource-Based Perspective [M]. Oxford: Oxford University Press, 1997: 131-145.

② Damanpour F. Organizational complexity and innovation: developing and testing multiple contingency models [J]. Management Science, 1996, 42 (5): 693-716.

③ Tanriverdi H, Iacono C S. Diffusion of telemedicine: a knowledge barrier perspective [J]. Telemedicine Journal, 1999, 5 (3): 223-244.

何，都将因资源的轻易取得和快速仿效而使这些竞争力难以持久。"①

虽然整体而言，出版企业规模并不算大，但相比于小型媒体创业公司，现阶段出版企业还是具有一定的资源优势，这主要体现在出版企业所掌握的资金、人才和内容资源上，尤其是内容资源。当然，面对数字化技术所导致的产业环境的变化，传统意义上的内容资源是否足以在新媒体市场上具备吸引消费者的优势，还值得深入地探讨。如果只是将出版资源大规模地"数字化"，而不是按照数字出版需求对数据进行处理，那只能称为出版资源的数字化形式。② 还有学者提出，传统内容资源与数字内容资源在内涵上存在本质区别。③ 结合本书的研究目的，这里将资源优势进一步细分为财力资源优势、人才资源优势和内容资源优势三个方面，以更好地分析出版企业对不同资源优势的认识和理解。

4.5.2.2　管理者支持

管理者支持是指高层管理者对出版企业采纳新媒体技术的反应，以及管理者为促进项目成功提供必要资源和权威的意愿。在TOE 框架中，高管支持被视为组织层面的重要因素之一，在针对跨组织信息系统等新技术采纳研究中获得实证结果支持。④ 相关研究表明，东亚文化背景国家，普遍具有较高的权力距离指数（Power Distance Index，PDI），组织高层领导对企业发展具有更大的决定性作用。叶强等人结合中国本土数据开展实证研究，证明高

---

① 黄旭，陈林林. 西方资源基础理论评析 ［J］. 财经科学，2005（3）：94-99.

② 王勤，出版资源数字化及数字化资源出版 ［N］. 中华读书报，2009-5-13.

③ 方卿. 论数字出版产业发展中的五大关系 ［J］. 编辑学刊，2013（1）：14-18.

④ Grover V. An empirically derived model for the adoption of customer-based interorganizational systems ［J］. Decision Sciences，1993，24（3），603-640.

层领导支持对企业使用 ERP 以及业务流程效率具有显著影响。①

结合出版领域的现实，许多研究者也关注到高层管理者在出版企业技术创新和升级中起到的关键作用。王一婵在 ERP 关键成功因素中将"社内各级管理层的决心和态度"列为首要因素，② 汪曙华在出版业应用 ERP 的关键制约因素中明确提出"决策者因素"。③ 与信息化建设相类似，针对数字出版与新媒体业务，大部分学者认为，管理者支持是一种必要而且积极的推动力量，尤其当这种支持与企业对技术的资金投入密切相关时，④ 管理者对数字出版业务的正确认识和支持，就成为企业开展创新的重要动力和保障。然而，需要指出的是，当技术采纳进入到技术与企业相互融合的阶段，单纯依靠"一把手"的支持，也会阻滞长效机制的发挥。正如徐丽芳所提："相比较而言，国内大多数科技出版企业当前以信息化建设为核心的技术开发工作尚停留在'一把手工程'阶段，对整个技术工作缺乏整体规划和长效投入机制。这对于提升科技出版竞争力显然是十分不利的。"⑤考虑到我国出版企业新媒体创新仍处在发展初期，本书将高层管理者支持作为影响出版企业新媒体技术采纳绩效的内部因素之一。

4.5.2.3 企业核心能力

核心能力又可称为独特竞争力、核心竞争力等，它是指作为企业竞争优势来源的具有专长性的能力集合。Leonard Barton 从四个

① 叶强 . 组织因素对 ERP 使用绩效的影响机制——基于中国数据的实证研究 [J]. 管理科学学报，2010（11）：77-85.

② 王一婵 . 从高等教育出版社 ERP 项目看我国出版企业信息化建设 [J]. 科技与出版，2009（2）：53-56.

③ 汪曙华 . 我国出版业应用 ERP 实现管理信息化的趋势及掣肘 [J]. 怀化学院学报，2007，26（8）：26-28.

④ 刘灿姣，董光磊 . 出版企业数字内容管理问题与对策 [J]. 出版发行研究，2010（7）：55-57.

⑤ 徐丽芳 . 论科技出版的技术竞争力 [J]. 出版发行研究，2007（11）：17-20

维度对这一能力和知识集合进行界定，包括员工知识和技能、技术体系、管理体系、价值和规范。① 一般来说，企业开展技术创新的领域主要是依据其自身的能力基础。谢洪明等通过对华南地区 202 家企业的调查研究发现，企业若想提高组织绩效，并不能单纯依靠直接的技术创新，而应通过组织创新激发出自身的核心能力。② 当然，也有学者指出，如果公司不将核心能力投入于新的产品和技术，原有的核心能力可能会变成核心僵化，反过来阻碍企业的创新。③ 近 20 年来，有关出版企业核心竞争力的研究已积累了相当丰富的成果，并形成了以资源观、能力观和经营观为代表的研究视角。④ 其中应中伟⑤与应伯超等⑥分别采用实证调查的方法，针对我国出版企业核心能力与组织绩效之间的关系展开研究，发现整体上组织核心能力对于企业绩效具有显著影响，但不同能力之间的影响程度存在一定的差异。

关于组织核心能力的构成，黄培伦综合李洋升和孙嘉琪的研究，将公司的组织能力分为五个部分，分别是研发能力、生产能力、营销能力、网络关系能力和战略能力。⑦ 应中伟的研究将出版

---

① Leonard D A. Core capabilities and core rigidities：a paradox in managing new product development ［J］. Strategic Management Journal，1992，13（S1）：111-125.

② 谢洪明，罗惠玲，王成. 学习、创新与核心能力：机制和路径 ［J］. 经济研究. 2007（2）：59-70.

③ Leonard D A. Core capabilities and core rigidities：a paradox in managing new product development ［J］. Strategic management journal，1992，13（S1）：111-125.

④ 钟细军，陈桂香. 中国出版企业核心竞争力研究综述 ［J］. 科技与出版，2012（2）：85-89.

⑤ 应中伟. 出版企业核心能力对长期绩效的影响 ［J］. 科技与出版，2011（5）：68-72.

⑥ 庄伯超，张红，应中伟. 出版企业核心能力和出版物绩效关系的实证研究 ［J］. 企业经济，2007（2）：100-102.

⑦ 黄培伦，尚航标，招丽珠. 组织创新、组织能力和组织绩效的关系研究 ［J］. 管理学报，2008（2）：250-257.

企业核心能力分为七项，其中选题策划能力、市场营销能力、品牌塑造能力和人力资源能力与绩效指标存在显著正相关，出版运作能力与文化凝聚力对企业绩效的影响则不具有显著性。① 由于本书主要考虑出版企业在新媒体创新中相关的核心能力，同时，我们认为，与传统制造企业相比，出版企业的核心能力并非集中在技术研发，而更多体现在内容策划与销售方面。因此，结合本研究的主要目的与出版企业的实际状况，本书将出版企业核心能力归纳为战略管理能力、网络营销能力与内容策划能力。

4.5.2.4 组织沟通

组织沟通是指出版企业内人员在开展新媒体业务过程中，通过各种媒介和渠道，有目的地进行信息、观点和情感的交流。根据适应性结构化理论，组织采纳新技术的过程是组织与新技术之间相互作用的过程，这不仅体现在组织和组织外部的技术提供商之间，还体现在组织内部各个职能部门之间，以及组织内部个体之间。相关研究表明，组织内各部门或个体之间借助正式或非正式渠道实现信息的交流，能够增加组织知识网络的价值，也在一定程度上激发了创新动机，最终会对组织采纳新技术的绩效产生影响。② 当然，也有实证研究发现，组织沟通对组织个体采纳信息技术的努力期望的影响不显著，徐峰认为，畅通的环境可能使个体对技术采纳负面评价加速传播，有可能增加组织个体对采纳困难度的感知，不利于组织吸收新技术。③

对出版企业开展新媒体业务来说，组织沟通是无法忽视的问题。一方面，作为知识型企业，组织内部的知识分享和信息沟通本身就应当是出版企业重要的竞争优势来源，④ 而这一点恰恰在传统

---

① 应中伟. 出版企业核心能力对长期绩效的影响 [J]. 科技与出版，2011（5）：68-72.

② 高鹏. 隐性知识学习与企业创新研究 [D]. 西安：西北大学，2012.

③ 徐峰. 基于整合 TOE 框架与 UTAUT 模型的组织信息系统采纳研究 [D]. 济南：山东大学，2012.

④ 王壮. 出版企业知识管理研究 [D]. 长春：吉林大学，2007.

出版企业受到一定程度的忽视。另一方面，由于新媒体部在出版企业中往往是新设立的部门，级别不高，加之部门之间的利益冲突，往往会造成该部门无法顺利实现企业内部资源整合的状况，影响新媒体业务的开展。综上所述，组织沟通对出版企业新媒体创新活动具有重要的影响。

4.5.2.5　信息化水平

信息化水平是指出版企业人员应用信息技术的知识、技能以及组织所具备的相应的基础设施。在上文关于新媒体技术采纳的组织学习效应部分，已经专门考察了企业采纳信息化水平与出版企业新媒体创新采纳绩效之间的关系。在影响因素部分，为了全面考察不同影响因素的重要性权重，有必要将其作为一项重要的影响因素纳入进来。

4.6　研究步骤与数据分析方法

在确立研究框架和变量的基础上，本书将对研究开展的具体步骤和方法进行详细说明。具体包括二手资料收集、专家深度访谈、问卷设计与调查开展，以及相关数据分析方法的运用。

4.6.1　二手数据收集

在信息科学领域，理论创新并非仅仅来自对一手数据的采集和分析，系统获取并分析二手数据已成为理论创新的关键之一。[①] 一般来说，二手数据可分为定量数据和定性数据，前者能够通过科学指标对数据进行分析，从而得出令人信服的结论，后者由于更多涉及文字的采集和分析，需要结合研究目的与研究者的个人经验进行综合判断。

本书采集的二手数据以定性文字为主，重点关注出版企业管理者对采纳新媒体技术的经验体会和实际感受，其中比较具有代表性

---

① 周力虹，罗立国，李旭光，等．案头案例研究方法分析［J］．情报杂志，2013，32（2）：20-24.

的二手资料来自中国数字出版信息网（http：//www.cdpi.cn/）。该网站中关于"第一届数字出版部主任工作交流会"和"全国首批数字出版主任联盟会议"的会议记录，是本书采用二手资料的主要来源。这两次会议分别于 2012 年 3 月 14—16 日和 2012 年 7 月 19 日在北京举行，与一般的大会报告有所区别，这两次会议主要是以国内出版企业数字出版部门负责人为主体，会议内容主要是关于出版企业开展数字出版业务的情况，相关会议记录非常完整地记录了会议过程中各个发言人的发言与互动问答，与本研究议题具有较高的相关性。另外，通过与参与此次会议的部分发言人核实，确认此会议记录具有较强的真实性与可靠性，最终将其作为本书定性分析的主要辅助材料。除此之外，本书还通过新闻报道、网络数据库、期刊年鉴等渠道，广泛搜集与国内出版企业新媒体创新发展的相关二手资料。

4.6.2 专家访谈

在广泛搜集二手数据并进行分析的基础上，为了更好地与研究目的相结合，同时指导问卷设计，笔者于 2013 年 7 月中旬到 9 月中旬，对国内数字出版与新媒体领域的专家学者展开访谈，就出版企业采纳新媒体技术的相关问题进行探索性研究。具体的访谈对象情况如表4.2。

表 4.2　　　　　　　　　　本研究访谈人概况

访谈对象	职务	单位性质
A	国内某出版集团旗下数媒公司副总	出版企业
B	国内某出版集团下属出版公司副总	出版企业
C	国内某出版社数字资源部部长	出版企业
D	国内某出版集团董事会成员	出版企业
E	国内某地方出版社副社长	出版企业
F	国内某行业研究机构 CEO	行业研究机构
G	国内某高校数字出版研究者	高校

　　上述 7 位访谈对象基本覆盖了目前国内数字出版产学研不同类别，普遍具有 10 年以上的从业或研究经历，因此具有较好的代表性。针对这些专家学者，笔者采用面对面深度访谈的形式，平均每位受访者的访谈时间在 40 分钟以上。其中对于业界专家，笔者一般首先请他们简单介绍其所在企业数字出版业务的发展状况，然后结合该企业的具体情况，提出与研究相关的问题，包括"对您所在的出版企业来说，目前开展数字业务关键的影响因素是什么"，"开展新媒体业务以后，它和您所在出版企业原有业务、原有部门存在明显的冲突吗"等。对于行业研究专家，笔者主要就研究调查中所涉及与出版企业创新发展相关的问题向专家提问，请其发表个人的观点和看法（具体访谈提纲见附录 1）。对于访谈内容，经被访者许可，笔者采用录音方式记录，然后根据录音整理成文字材料。

　　除了面对面访谈，笔者还充分利用各类学术会议与论坛的机会，听取相关领域专家的观点和意见，并向其提问，然后对交流内容进行记录，通过整理以形成重要的研究素材。具体会议包括第九届海峡两岸华文出版论坛、第三届中英出版论坛、第四届数字时代出版产业发展与人才培养国际研讨会等。通过以上方式，笔者获取了较为丰富的一手资料，为下一步研究开展提供了重要保障。

4.6.3　问卷设计与发布

　　本研究的调查问卷主要面向国内出版企业数字出版部门负责人发放，目的是全面了解出版企业采纳新媒体技术的动机与决策、实施与管理等问题。整个过程包含问卷的设计、预测试和修改，然后通过网络问卷系统制作调查问卷，最后借助各种途径实现问卷的发放。

4.6.3.1　问卷设计

　　本研究的调查问卷由三部分组成，分别是引言、基本信息与新媒体技术应用情况。其中引言部分主要是对本研究的主题、目的和调查涉及的相关概念进行简要的介绍。基本信息部分主要是对被调查者所在出版企业的组织类型、业务范围、年销收入与员工数量进行调查。

新媒体技术应用情况是本调查的主体部分。首先根据被调查者所在出版企业是否采纳新媒体技术进行区分，若企业没有采纳新媒体技术，则直接跳转至 21 题，即阻碍其应用新媒体技术的主要问题；若企业采纳新媒体技术，则依顺序进行调查。对于采纳新媒体技术的出版企业，本调查主要关注以下几方面：一是出版企业新媒体技术采纳的基本状况，包括新媒体技术采纳绩效状况、新媒体部门的组织形式与人员状况等；二是采纳动机和决策情况，包括采纳新技术的类型、主要采纳动机和方式等方面；三是新媒体技术采纳的实施与管理情况，包括企业目前的信息化水平、企业创新投入、政府资金支持情况，以及新媒体管理创新绩效等。其中针对新媒体技术采纳绩效与新媒体管理创新绩效的测量，本问卷主要借鉴相关实证研究中量表题项，采用李克特五级尺度量表，用"非常不符合""不符合""一般""符合""非常符合"表示。最后，针对出版企业新媒体技术采纳绩效相关影响因素，同样采用李克特量表方式，并用"非常不重要""不重要""一般""重要""非常重要"表示。

4.6.3.2　问卷预测试

在正式实施调查前，为保证问卷的有效性，最好对问卷进行预测试。考虑到本研究面向企业调查所存在的实际难度，若直接选取企业相关业务负责人进行问卷前测（Pretest），会对正式调查中样本选择造成一定的影响，属于比较不经济的做法。① 因此，在预测试阶段，笔者主要选择对数字出版业务有一定了解的出版企业从业人员和对问卷调查较为熟悉的出版相关专业的博硕士进行测试。根据预调查结果，笔者发现问卷中存在的问题，从而对问卷的整体结构设计、表达措辞等方面进行必要的修正。具体修改内容如下。

---

① 巫景飞. 企业战略联盟：动因，治理与绩效 [D]. 上海：复旦大学，2005.

（1）概念与问项表述的调整。

笔者在设计调查问卷时，采用的名称是"出版企业新媒体技术采纳状况调查"，通过预测试的反馈，有参与者提出，采用"新媒体技术"会与目前出版社普遍采用的微博、微信等社会化媒体技术相混淆，而"采纳"一词过于专业，容易造成被调查者理解上的偏差。综合考虑本书实际的研究目的，主要针对的是生产、加工形成新型媒体产品形态的技术应用，因此将问卷名称改为"出版企业新媒体产品技术应用状况调查"，同时在引言部分对概念定义进行必要的调整。

问项的表述是问卷调查的重要方面，直接关系到被调查者对问题的理解是否准确，从而影响问卷的效度。其中针对新媒体技术采纳绩效与管理创新绩效的问项，将原先进行时的表述改为完成时的表述，如将"提升公司的企业形象"改为"提升了公司的企业形象"，将"建立起新的绩效考核方式"改为"建立起了新的绩效考核方式"。尽管都只是一字之差，但却更加切合了本研究所需测量的变量内涵。针对相关影响因素的调查中，有多位参与者反映原来直接采取变量名称的问法，对于出版业界人士来说较为抽象，不太容易理解。针对这一问题，笔者在对相关问项调整的基础上，进一步征询了出版从业人员的意见，以确保表达方式可以被接受，如将"管理者支持"改为"企业高层对新媒体业务的支持"，将"组织沟通"改为"企业部门间有关新媒体业务的沟通与合作"。同时，考虑到新媒体技术采纳绩效的实质内涵与新媒体业务开展状况存在近似，为便于被调查者理解，将影响因素的调查问题名称调整为"下列外/内部因素对您所在出版企业开展新媒体业务的重要性"。

（2）测度方式的调整。

对于新媒体技术采纳绩效，可以从主观评价与客观指标予以测度。在预测试中，有熟悉实证研究的参与者提出，绩效的主观评价主要是针对调查对象实际状况与预期目标之间的差距进行测量，它受到被调查者预期目标的影响，如某家企业实际表现较好，但由于和企业自身的预期目标存在较大差距，可能在测量时会出现较低的分值，反之亦然。基于此，综合部分参与者的建议，笔者在问卷调查中选择加入部分客观指标予以补充，主要针对新媒体技术采纳绩效的问项，加入出版企业上一年度新媒体业务收入及比重的测量。在具体数值上，本研究参考任殿顺 2012 年的调查问卷中的数值设置，① 并咨询业内人士的意见，确保设置的数值更符合国内出版企业发展状况。据任殿顺的调查结果分析，国内出版企业新媒体业务收入占总营业收入的比重普遍小于 5%，为使测量更具有区分度，特别增设了"低于 3%"和"3%~5%"两项。

4.6.3.3 问卷发布

在完成对问卷的设计和测试后，本研究进入到正式调查阶段。考虑到调查的可行性与便利性，本研究采用网络问卷调查的方法，利用网络问卷平台问卷星设计了本研究的调查问卷。由于本研究议题的特殊性，对研究对象具有较高的要求，一般是充分掌握本企业数字出版业务相关信息的关键信息人（Key Informants），在调查中存在较大的难度，只能采取非概率抽样调查方法。

针对这种状况，笔者主要采用三种方式对问卷进行发放：一是借助出版专业校友的广泛资源，收集并整理联系人名单，直接向其发送电子邮件，邀请其填答或转发给企业内相关业务的负责人。二是在数字出版专业社区上发布问卷填答的邀请和链接，邀请业内人士填答，或请其帮助转发给公司负责新媒体业务的负责人。三是利用本校召开数字出版国际会议的机会，在严格保护被调查者个人信息的前提下，借助会议通讯录，向参会的国内出版企业新媒体/数字出版部门负责人发放问卷。除此之外，笔者还通过新浪微博等社会化媒体，利用私信的方式向调查对象发出调查邀请。目前，微博已成为国内众多出版企业开展网络营销的重要平台，据不完全统计显示，截至 2012 年 1 月 31 日，内地出版企业（包括民营出版公司）的新浪微博官方账号数量就达到 376 家，② 另外还有大量知名

---

① 任殿顺. 出版业数字化转型研究——基于双边市场理论［D］. 北京：中国人民大学，2011.

② 卢玲. 出版企业官方微博营销策略研究［J］. 今传媒，2013（2）：68-70.

出版人也在微博上注册认证。结合本书的研究目的，笔者利用新浪微博的高级搜索功能，分别在昵称和公司栏键入"数字出版"和"出版"，用户限定为认证用户，根据检索返回的结果，笔者挑选出版企业负责数字出版/新媒体业务的认证用户，向其发送私信，邀请其参与问卷调查。相关的研究表明，必要的激励是提升网络调查回复率的有效手段。① 为提高被调查者参与问卷调查的热情，笔者将本研究所 2013 年度海外数字出版产业观察的若干文章整理组合，附赠与被调查者。对于问卷来源的判定是本研究调查的关键。由于本书的研究对象是出版企业，因此必须对被调查者所在的企业进行确认，以避免重复填答。对此，笔者专门在调查问卷结尾处设计栏目，请被调查者留下工作单位、职务与联系方式，同时在问卷发放中特别提醒被调查者注意填写工作单位信息。另外，笔者还结合 IP 地址和填答日期等信息，综合判定问卷填答者所在的企业和身份。

本调查从 2013 年 11 月 15 日持续到 2013 年 12 月 31 日，历时46 天。最终收到问卷 138 份，其中来自电子邮件和朋友转发的占绝大部分，少量来自微博链接（6 份）。针对回收的问卷，笔者对其进行筛选和处理，主要根据以下标准判定无效问卷：①重复提交。由于在问卷发放中有借助朋友转发的方式，不可避免存在一家企业多人填写的情况，对于涉及企业基本信息自相矛盾的情况，笔者向该企业所在员工问询后确认，在基本信息不存在问题的情况下选用职位相对较高的被调查者的问卷作为有效问卷，如数字出版部门主任，而将其他由非管理者填答的问卷判定为无效问卷。②答案违反基本逻辑。如有的被调查者在"出版企业上一年度新媒体业务收入"中选择"A. 几乎没有"，但却在下一题"出版企业上一年度新媒体业务收入占据总营业收入的比重"中选择"D. 5%～10%"，明显不符合逻辑，因此判定为无效问卷。③填答时间过短。

① Paxson M C. Increasing survey response rates: practical instructions from the total-design method [J]. The Cornell Hotel and Restaurant Administration Quarterly, 1995, 36 (4): 66-73.

尽管考虑到被调查者对填答时间的接受程度，本问卷在不影响研究目标的情况下对题项进行了合理的压缩，但经过多位参与者测试，如果在"是否采纳新媒体技术"中选择"是"的被调查者，填答时间至少在5分钟（300秒）。基于此，对实际调查中填答时间小于3分钟（180秒）的问卷判定为无效问卷。需要指出的是，部分题项填答中所出现的问题，则可能是由于被调查者对题目理解偏差所造成的，比如有的被调查者属于某出版集团下属的出版社，但在填答"您所在出版企业的类型"中选择了"出版集团"一类。针对这种情况，笔者发现相关疑点后首先进行记录，然后向填答者或其所在企业的朋友询问确认，最终对答案进行修正，而不将其作为无效问卷处理。经过必要的问卷筛选环节，本研究最终保留下来的有效问卷为99份。

4.6.4 数据分析方法

针对采集的二手数据和一手数据，笔者采取多种方法对其展开分析，为后续的结果讨论提供必要的证据支持，具体包括描述性统计分析、方差分析、相关与回归分析、因子分析、层次分析等。

4.6.4.1 描述性统计分析

描述性统计分析指的是对个别变量采用叙述性统计分析的方法，以说明各变量的平均数、标准差、百分比、频数等描述性资料的类别及特性。本书针对问卷调查所获得的相关资料，如被调查企业的基本信息等，采取必要的描述性分析。

4.6.4.2 方差分析

在统计学上，针对平均数差异检验有多种不同的情形，其主要的差别在于类别变量的数目与水平数。如果类别变量超过两种水平，统计检验的总体超过两个，就需要采用方差分析进行检验。本研究主要运用方差分析来检验不同类型或规模的出版企业在采纳新媒体技术绩效上是否存在显著差异，而相应的绩效是否也由于采纳主要方式、主要动机的不同而具有显著差异。

4.6.4.3　相关与回归分析

在统计学中，涉及两个连续变量的关系多以线性关系的形式进行分析。积差相关是反映两个连续变量具有线性关系强度的指标，相关系数越大，表示线性关联越强，反之则表示线性关联越弱。而回归分析则是运用变量间的关系来进行解释与预测的统计技术，其中简单回归分析是用单一解释变量去预测因变量，多元回归分析则是通过包含多个解释变量的多元回归模型，纳入多个自变量来解释和预测因变量。本研究运用相关性分析判断出版企业新媒体技术采纳绩效与管理创新绩效之间，运用多元回归分析来判断企业信息化水平、新媒体业务投入、政府资金支持是否对新媒体技术采纳绩效存在显著影响。

4.6.4.4　因子分析

因子分析，又称因素分析，指的是将一群具有共同特性的测量分数，抽离出背后构念的统计分析技术，一般是寻找变量间的相关结构的最有效的策略。根据使用目的的不同，可分为探索性因子分析和验证性因子分析，前者主要被用于寻找一组变量背后隐藏的因素结构与关系，后者则被用来确认数据模式是否与研究者预期的形式吻合。本书针对影响因素的统计结果，采用探索性因子分析方法，判断不同因素的归类是否符合理论预期。

4.6.4.5　层次分析法

考虑到填答者的便利性，在针对出版企业的问卷调查中，关于技术采纳绩效的影响因素，主要是由填答者直接对相关影响因素的重要性进行打分，但并没有充分考虑因素之间的层次关系，对于因素权重判断的严谨性上存在不足。为此，本研究进一步采用层次分析法，判断不同影响因素的最终权重。

层次分析法（The Analytic Hierarchy Process）简称 AHP 法，它是 20 世纪 70 年代中期由美国运筹学家、匹兹堡大学教授萨蒂（Saaty）提出，被广泛应用于社会经济领域复杂问题的分析。所谓层次分析法，指的是将一个复杂的多目标决策问题作为一个系统，将目标分解为多个目标或准则，进而分解为多指标的若干层次，通过定性指标量化方法算出层次单排序和总排序，以作为目标、多方案优化决策的系统方法。① 该方法的形成与产生过程中，充分吸收了德尔菲法（Delphi）在利用人的判断和经验上的思想方法，但同时在处理过程中加入严格的逻辑分析和统计检验，因此具有较好的规范性。② 作为一种定性与定量有效结合的方法，层次分析法一般应用于多目标决策问题，但事实上许多研究者也将其作为一种分析复杂定性问题的评价方法，因此适用于本研究对不同影响因素重要性权重的判定。

笔者于 2013 年 12 月 5 日至 2014 年 1 月 5 日，利用参加学术会议、案例研究等机会，通过纸质问卷、电子邮件等方式开展专家访谈与调查，主要面向产业专家、产业研究专家与学者专家，总共回收问卷 11 份，其中来自产业专家 5 份，产业研究专家和学者专家各 3 份。

4.7　小结

本章立足组织创新采纳等相关理论，从出版企业自身条件、组织创新采纳过程范式和因素范式构建了本研究的分析框架。其中围绕出版企业自身条件，本研究重点对出版领域、组织类型和企业规模等控制变量进行说明，并就上述变量与新媒体技术采纳绩效之间的关系提出假设。针对组织创新采纳过程，本研究重点分析了技术采纳动机、决策、实施与管理阶段，并就其中的采纳动机、采纳方式、创新投入等变量与采纳绩效之间的关系提出假设。针对新媒体技术采纳绩效的影响因素，本研究借助 TOE 框架模型，归纳总结了相关的内外部影响因素，考虑到出版企业自身特性与外部环境特

---

① 层次分析法·百度百科［EB/OL］.［2013-10-04］. http：//baike. baidu. com/subview/364279/5071768. htm？fr＝aladdin.

② 卢泰宏. 信息分析［M］. 广州：中山大学出版社，1998：296.

性，在外部因素中加入版权保护、行业外竞争压力等，在内部因素中加入了内容资源优势、内容策划核心能力等。

在对分析框架和相关变量进行界定后，本章还就实证研究开展的具体流程以及采用的统计方法予以说明。

第5章 出版企业新媒体技术采纳状况分析

针对新媒体技术采纳过程与采纳绩效影响因素，本章综合运用描述性分析、方差分析、线性回归和相关性分析，以及层次分析方法，对问卷调查获取的定量数据进行全面统计分析。具体包括样本基本信息统计、采纳状况分析、问卷信度和效度分析、不同企业采纳绩效差异分析。

5.1 样本情况

本问卷发放历时 46 天，总共回收的问卷数量为 138 份，根据相应的标准进行筛选后，共获得有效问卷 99 份。依据被调查企业是否采纳新媒体技术，样本企业被分为创新采纳类和拒绝创新采纳类，各自回收的有效问卷数量为 80 份与 19 份。本书主要的研究内容围绕创新采纳类出版企业展开，因此，首先就创新采纳类企业样本情况进行说明。

5.1.1 创新采纳类样本情况

按照组织类型划分，高校出版社占比最高，共有 20 家，其次是中央出版社与归出版集团管理的出版社，各有 16 家，然后出版集团有 15 家。除此之外，还包括少量民营出版公司及其他出版社。由于本次调查采用的不是严格的分层抽样，因此样本情况与国内出版企业的实际状况不可避免地存在一定偏差，主要体现在出版集团占比偏高，而集团下属出版社和民营出版公司的比例相对偏低。当然，需要指出的是，从目前国内出版企业数字化转型现实来看，出版集团借助资源和政策优势，更多占据主导地位，出于规模效应的考虑，大多数集团下属出版社的新媒体业务都被纳入到集团统一管理，因此，这也造成实际参与新媒体业务的集团下属出版社的数量相对有限。而民营出版公司比例偏低则主要是由于抽样方式所导致。具体信息见表 5.1。

表 5.1   创新采纳类样本企业组织类型分布统计表 （$N=80$）

组织类型	频次	百分比
出版集团	15	18.75%
中央（部委）出版社	16	20%
高校出版社	20	25%
归出版集团管理的出版社	16	20%
民营出版公司	9	11.25%
其他出版社	4	5%
总计	80	100%

按照出版业务范围划分，教育类出版企业占比最高，其次是专业/学术类出版企业，大众类出版企业占比较低。值得注意的是，综合类出版企业达到 20 家，占比 25%（见表 5.2）。相比于欧美出版企业较为明确的出版业务范围，我国不少出版企业仍处在目标市场较为模糊的阶段。此外，由于大多数地方出版集团旗下出版社类别差异明显，这也使得"综合类"出版企业比重较高。通过对综合类出版企业进一步考察发现，其中主要由出版集团与地方出版社组成。

表 5.2   创新采纳类样本企业出版领域分布统计表 （$N=80$）

出版领域	频次	百分比
教育出版	24	30%
专业/学术出版	21	26.25%

续表

出版领域	频次	百分比
大众出版	15	18.75%
综合类	20	25%
总计	80	100%

关于出版企业的规模情况，本调查主要从企业年销售收入与员工数量进行分类。按照年销售收入的企业分布情况来看，年销售收入在1亿~5亿的企业占据较大比重，比例为32.5%，其余类别分布较为平均。如果依据出版企业年销售收入差异分为大、中、小型出版企业，大型出版企业居多，三者比例分别为41.25%、32.5%和26.25%（见表5.3）。

表5.3　创新采纳类样本企业年销售收入分布统计表（$N=80$）

规模	年销售收入	频次	百分比
小型出版企业	3000 万以下	7	8.75%
	3000 万~5000 万	5	6.25%
	5000 万~1 亿	9	11.25%
中型出版企业	1 亿~5 亿	26	32.50%
大型出版企业	5 亿~10 亿	12	15%
	10 亿~30 亿	13	16.25%
	30 亿以上	8	10%

从企业员工数量来看，占比较高的是100~200人与200~500人，比重分别为21.25%和28.75%，其余分布较为平均。如果依据出版企业员工数量差异分为大、中、小型出版企业，则小型出版企业居多，三者比例分别为30%、28.75%和41.25%（见表5.4）。

表 5.4　　创新采纳类样本企业员工数量分布统计表（N=80）

规模	员工数量	频次	百分比
小型出版企业	50 人以下	8	10%
	50~100 人	8	10%
	100~200 人	17	21.25%
中型出版企业	200~500 人	23	28.75%
大型出版企业	500~1000 人	8	10%
	1000~2000 人	6	7.50%
	2000 人以上	10	12.50%

5.1.2　拒绝采纳类样本情况

　　针对未采纳新媒体技术的 19 家出版企业，按照组织类型划分，归出版集团管理的出版社占据绝大多数，比重接近 60%，其余类别占比较低。按照出版领域划分，专业/学术类出版企业占比较高，超过 40%，其次是大众类与综合类，教育类相对较少。从规模上看，未采纳新媒体技术的出版企业中，年销售收入 5000 万以下的小型出版企业是其中的主要部分，超过 70%（见表 5.5）。

表 5.5　　拒绝采纳类出版企业样本情况统计（N=19）

组织类型	频次	百分比
中央出版社	3	15.79%
高校出版社	3	15.79%
归出版集团管理的出版社	11	57.89%
其他类型	2	10.53%
总计	19	100%
出版领域	频次	百分比
教育出版	3	15.79%
专业/学术出版	8	42.11%

出版领域	频次	百分比
大众出版	4	21.05%
综合类	4	21.05%
总计	19	100%
年销售收入	频次	百分比
3000 万以下	7	36.84%
3000 万~5000 万	7	36.84%
5000 万~1 亿	2	10.53%
1 亿以上	3	15.79%
总计	19	100%

5.2 采纳状况分析

关于出版企业采纳新媒体技术基本状况的描述性统计分析，主要针对创新采纳类的出版企业，具体包括新媒体技术采纳绩效状况与新媒体业务部门等方面。

5.2.1 采纳绩效状况

根据本书对新媒体技术采纳绩效的度量，首先分析客观指标测量结果。从出版企业新媒体业务收入来看，超过 50% 的出版企业新媒体业务收入低于 100 万，新媒体业务收入超过 3000 万的企业比重仅为 5%（如图 5.1 所示）。

从新媒体业务占总营业收入比例来看，有超过 80% 的出版企业的收入占比低于 5%，其中 55% 的出版企业新媒体业务收入占比集中在 3% 以下，也即大多数出版企业仍未将新媒体业务作为主营业务（如图 5.2 所示）。

主观测量指标则参考了相关学者对电子商务技术吸收的测量，分别是提升了企业形象、吸引到了新用户、创造了新的盈利模式三

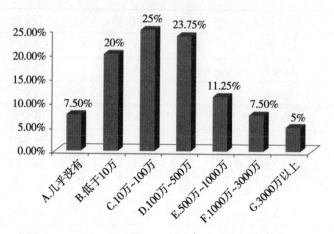

图 5.1　出版企业新媒体业务收入分布统计 （N = 80）

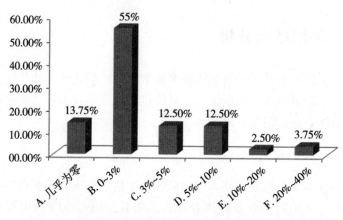

图 5.2　出版企业新媒体业务收入占比分布统计 （N = 80）

个方面。根据结果显示，66.25% 的出版企业认为新媒体技术采纳提升了公司的企业形象，而认为采纳新媒体技术 "吸引到了新的用户" 和 "创造出了新的盈利模式" 的企业比例均为 58.75% （见表 5.6）。

表 5.6　　**新媒体技术采纳绩效统计结果分析（$N=80$）**

题目	非常不符合	不符合	一般	符合	非常符合
提升了公司的企业形象	3.75%	1.25%	28.75%	56.25%	10%
吸引到了新的用户	1.25%	2.50%	37.50%	48.75%	10%
创造出了新的盈利模式	6.25%	10%	25%	50%	8.75%

5.2.2　新媒体业务部门情况分析

就新媒体/数字出版部门的情况而言，根据调查结果来看，超过 40%的出版企业以企业业务部门的形式开展新媒体业务，其次则较多以参股、控股或全资成立子公司的方式开展相关业务，但也有超过 20%的出版企业仅仅是设立了部门内的项目组（见表 5.7）。

表 5.7　　**出版企业新媒体部门设置状况统计表（$N=80$）**

新媒体部门设置	新媒体部门设置	频次	百分比
出版企业子公司	A. 出版企业全资独立子公司	15	18.75%
	B. 出版企业控股子公司	11	13.75%
	C. 出版企业参股非控股投资公司	2	2.50%
出版企业业务部门	D. 出版企业业务部门之一	33	41.25%
出版企业项目组或其他	E. 出版企业直属临时项目组	4	5%
	F. 出版企业业务部下属项目组	13	16.25%
	G. 其他	2	2.50%

根据出版企业新媒体部门设置与出版企业组织类型的交叉分析结果来看（见表 5.8），排除 2 家选择"其他"新媒体部门设置类型的出版企业，66.67%的出版集团采用成立子公司的方式开展新媒体业务，中央出版社与高校出版社则更多选择以出版企业内部业务部门的形式开展业务。

表 5.8 出版企业新媒体部门设置与组织类型交叉统计表 （N=78）

		组织类型			
		出版集团	中央出版社	高校出版社	其他类型
新媒体部门设置	出版企业子公司	10(66.67%)	4(25%)	4(21.05%)	10(35.7%)
	出版企业业务部门	4(26.67%)	9(56.25%)	9(47.37%)	11(39.3%)
	出版企业项目组	1(6.67%)	3(18.8%)	6(31.58%)	7(25%)
合计		15(100%)	16(100%)	19(100%)	28(100%)

　　从新媒体部门的员工数量来看，有 90% 的出版企业的新媒体部门员工数量在 50 人以内，其中 3~10 人的员工数量占比最高，达到 35%，新媒体部门员工人数超过 50 人的出版企业仅有 8 家，比例为 10%（见表 5.9）。由此可见，尽管大部分出版企业都成立了相应的业务部门，但实际投入的人力仍非常有限。

表 5.9 出版企业新媒体部门员工数量统计表 （N=80）

	企业数量	百分比	累积百分比
A. 3 人以下	8	10%	10%
B. 3~10 人	28	35%	45%
C. 10~20 人	17	21.25%	66.25%
D. 20~50 人	19	23.75%	90%
E. 50~100 人	3	3.75%	93.75%
F. 100~200 人	3	3.75%	97.50%
G. 200 人以上	2	2.50%	100%

　　根据图 5.3 显示，从出版企业新媒体部门员工此前的行业工作背景来看，普遍都有来自传统出版部门的员工，比例高达 90%，其次是 IT、电信行业，以及电视、报纸等传媒领域，分别有 58.75% 和 46.25%，其他行业背景相对较少。

　　学科背景方面，最普遍的是计算机类别和出版传媒类别，比例

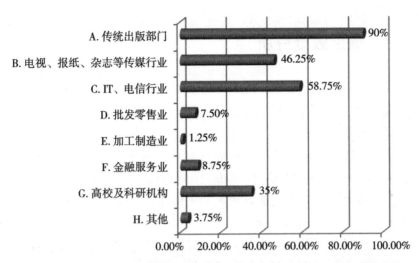

图 5.3　出版企业新媒体部门员工的工作背景统计（N=80）

分别为 81.25% 和 77.50%，其次是文史哲、经管相关专业（如图 5.4 所示）。目前来看，作为一个从事创意性较强的工作，新媒体部门的员工背景仍呈现较为单一的局面，更多是由传统出版部门延续过来，可能需要考虑工作与学科背景的进一步多元化。

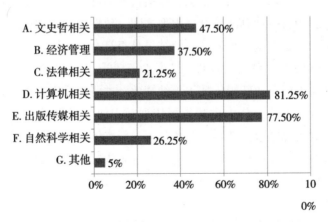

图 5.4　出版企业新媒体部门员工的学科背景统计（N=80）

5.3 信度效度分析

在本研究的问卷中，除了关于出版企业新媒体技术采纳基本状况部分，还有涉及对潜在变量的测量，如技术采纳绩效和管理创新绩效等，因此，有必要对量表进行信度和效度检验。信度指的是测量的可靠性（reliability），是测量结果的一致性（consistency）与稳定性（stability）的指标。一般来说，误差越小，信度越高。效度指的是测量的正确性，具体表示测量工具能确实测得所欲测量的构念（construct）的程度。测量的效度越高，表示测量的结果越能显现预测量内容的真实特质。大多数学者将信度视作测量的先决条件，而效度作为测量质量的充分条件。也就是说，如果一个测量不具有信度，必然无法达到测量的目的，但有信度的测验，不一定就保证具有效度。以下针对相关题项进行信度检验。

5.3.1 信度检验

对信度的估计方法有很多，包括再测信度、复本信度、折半信度等，其中直接计算测验题目内部之间一致性的指标被称为内部一致性系数，也即量表重复使用的结果是否具有一致性。本研究通过计算 Cronbach α 系数，判断其信度水平高低。

针对出版企业新媒体技术采纳绩效，本研究采用主观与客观指标相结合的方式，其中主观指标依据前人研究成果设计了三个题项，客观指标则包括新媒体业务收入与新媒体业务收入占总营业收入比重两项。在进行信度检验之前，首先依据两项客观题的答案分布，将原先 7 级量表转化为 5 级量表，然后与主观指标共同进行信度检验。

通过计算发现，按照主客观指标测量的绩效 Cronbach α 系数为 0.667，小于 0.7，说明整体信度情况不是很理想。进一步通过相关性矩阵分析，发现客观评价指标与主观评价指标之间的相关性很低，均低于 0.4，也即信度状况不理想很可能是因为主观指标与客观指标测量差异较大造成的。笔者就这一问题咨询了几位出版研究者，他们认为，目前国内出版业新媒体发展时间短、整体水平普遍较低，客观指标主要反映了企业现阶段新媒体业务收入规模，它与采纳绩效本身所反映的出版企业与新媒体技术相互融合程度并不完全吻合，因此造成这种明显的差异。基于上述考虑，笔者在删除 2 项客观评价指标后，重新计算发现，量表的 Cronbach α 系数达到 0.717，相比之前的结果有明显提升，说明因子内部一致性较高，信度水平较高（见表 5.10）。

表 5.10   新媒体技术采纳绩效的信度检验

Cronbach Alpha	基于标准化项的 Cronbachs Alpha	项数
0.717	0.728	3

针对新媒体管理创新绩效，本研究采用的是主观指标测量，通过计算发现，Cronbach α 系数为 0.887，大于 0.7 的标准，说明整体的信度水平很高。通过上述指标分析可以看出，新媒体技术采纳绩效与管理创新绩效的信度状况理想，具有较好的内部一致性（见表 5.11）。

表 5.11   新媒体管理创新绩效的信度检验

Cronbach Alpha	基于标准化项的 Cronbachs Alpha	项数
0.887	0.888	3

5.3.2 效度检验

一般来说，效度可分为内容效度、效标效度与构念效度。其中效标效度的关键是效标的选用，而效标是反映测量分数内涵与特质的独立测量，一般研究并不具备这个条件。内容效度主要反映测量工具本身内容范围与广度的适切程度，更多"依靠理论而不是统计"。[①] 本书在设计量表过程中依据相关理论，并参考国内外相关研究对技术采纳绩效的测量，在完成问卷初步设计后进行了预测试与访谈，对量表进行了部分修改和调适，使测量的问项能真实反映试图测量的内容。因此，本研究具备良好的内容效度。建构效度则是社会科学研究中的重要效度指标，它所反映的是欲测量的结构与已经建立的结构之间的相关程度，一般采用因子分析法进行检验。在进行因子分析之前，需要进行 KMO（Kaiser-Meyer-Oklin）与 Bartlett 球形检测（Bartlett's Test of Sphericity），以确定题项是否适合进行因子分析。

针对测量绩效的 6 道题项，笔者采用主成分分析法，球形检验近似卡方值为 216.036，p 值小于 0.05，达到显著水平，说明题项有共同变异。另外，KMO 检验系数为 0.705，大于 0.5，表明题项适合进行因子分析（见表 5.12）。

表 5.12　　**变量 KMO 和 Bartlett 的检验**

取样足够度的 Kaiser-Meyer-Olkin 度量		0.705
Bartlett 的球形度检验	近似卡方	216.036
	df	15
	Sig.	0.000

根据因子分析结果发现，6 个题项萃取出两个公共因子，对应原先设计的技术采纳绩效与管理创新绩效，且各个问项的因子载荷大于 0.5，解释变异量为 73.985%。以上结果说明，本研究量表具有良好的建构效度，可以进行后续的统计分析（见表 5.13）。

---

① 黄芳铭. 结构方程模式：理论与应用 [M]. 北京：中国税务出版社，2005.

表 5.13　　　　　　　　　调整问项后的旋转因子矩阵

	成　　分	
	1	2
MIP3	0.945	
MIP2	0.925	
MIP1	0.807	0.292
NMTAP2	0.102	0.867
NMTAP3	0.108	0.808
NMTAP1	0.129	0.708

5.4　采纳绩效差异分析

为了进一步探索不同自身条件的出版企业采纳新媒体技术的绩效差异情况，本研究首先通过交叉表的方式呈现不同变量在平均绩效上的差异情况，然后使用单因素方差分析（AVONA）来检验包括企业类型、规模等变量在绩效上的差异，之后进一步采用最小显著性差异（LSD）检验法进行两两群体比较，以确定组别之间的差异。以下逐一从出版领域、组织类型以及规模（分为年销售收入与员工数量）情况等方面展开分析。

5.4.1　不同领域企业分析

在出版领域方面，本研究主要关注教育类、学术/专业类、大众类与综合类出版企业之间在技术采纳绩效上是否存在显著差异。从绩效平均值比较来看，学术/专业类出版企业绩效表现最高，其次是综合类与教育出版企业，大众出版绩效水平最低。但根据方差分析结果显示，不同类型出版企业之间在技术采纳绩效表现上的差异并不显著（$p = 0.775 > 0.05$）。由此可见，国内不同领域的出版企业在新媒体技术采纳绩效方面并没有表现出明显的差异。因此假设 H1a 未得到支持（见表 5.14、表 5.15）。

表 5.14　　　　　　　不同出版领域企业的新媒体技术

采纳绩效统计 （*N*=80）

	企业数量	绩效均值	标准差	极小值	极大值
教育出版	24	3.542	0.747	2.00	5.00
学术/专业出版	21	3.698	0.706	2.33	5.00
大众出版	15	3.467	0.795	1.00	4.33
综合类	20	3.617	0.544	2.67	5.00
总计	80	3.588	0.692	1.00	5.00

表 5.15　　出版领域对新媒体技术采纳绩效方差分析结果

	平方和	df	均方	*F*	显著性
组间	0.545	3	0.182	0.370	0.775
组内	37.287	76	0.491		
总计	37.832	79			

5.4.2　不同组织类型企业分析

关于出版企业组织类型，虽然原先问卷中组织类型细分为 6 个类别，但从开展新媒体创新的资源条件来看，"归属出版集团管理的地方出版社""民营出版公司"与"其他地方出版社"的情况较为接近，因此将其统一归为"其他出版企业"。这样，组织类型就分为 4 类，分别是出版集团、中央出版社、高校出版社、其他出版企业。根据均值结果显示，中央出版社在新媒体技术采纳绩效方面的平均水平高于其他类别，其后依次是出版集团、其他出版企业与高校出版社，其中后两类的均值非常接近。根据方差分析结果显示，不同组织类型的出版企业的新媒体技术采纳绩效在 0.05 显著性水平上不具有显著差异，但在 0.1 显著性水平上表现显著（$p=0.09<0.1$）。根据 LSD 检验法的多重事后比较发现，中央出版社与高校出版社、中央出版社与其他出版企业之间均具有显著差异。因

此假设 H1b 得到支持（见表 5.16、表 5.17）。

表 5.16　　　　不同组织类型出版企业的新媒体技术
采纳绩效统计（$N=80$）

	企业数量	绩效均值	标准差	极小值	极大值
出版集团	15	3.667	0.577	2.67	5.00
中央出版社	16	3.938	0.623	2.67	5.00
高校出版社	20	3.400	0.663	1.00	5.00
其他出版企业	29	3.483	0.754	1.00	5.00
总计	80	3.588	0.692	1.00	5.00

表 5.17　　　　出版企业组织类型对新媒体技术
采纳绩效的方差分析结果

	平方和	df	均方	F	显著性
组间	3.075	3	1.025	2.242	0.090
组内	34.757	76	0.457		
总数	37.832	79			

5.4.3　不同规模企业分析

出版企业规模方面，本研究主要从两个指标予以考察，一个是出版企业的年销收入，另一个是出版企业的员工数量。根据实际问卷填答结果的情况，笔者对部分结果进行合并处理，其中将年销售收入在"3000 万以下""3000 万～5000 万""5000 万～1亿"的出版企业归为一类，命名为小型出版企业，将"5 亿～10亿""10 亿～30 亿""30 亿以上"的出版企业归为一类，命名为大型出版企业，保留"1 亿～5 亿"的出版企业，命名为中型出版企业。根据表 5.18 显示，大型出版企业的新媒体技术采纳绩效要高于中小型出版企业。根据方差分析结果，不同规模（年销售收入）的出版企业在技术采纳绩效上存在显著差异（$p = 0.041 < 0.05$）（见表 5.19）。

表 5.18　　不同规模（年销售收入）出版企业的新媒体
技术采纳绩效统计（$N = 80$）

规模（年销售收入）	频次	绩效均值	标准差	极小值	极大值
小型出版企业	21	3.286	0.812	1.00	4.67
中型出版企业	29	3.609	0.630	2.00	4.67
大型出版企业	30	3.778	0.602	2.67	5.00
总计	80	3.588	0.692	1.00	5.00

表 5.19　　出版企业规模（年销售收入）对新媒体技术
采纳绩效的方差分析结果

	平方和	df	均方	F	显著性
组间	3.012	2	1.506	3.331	0.041
组内	34.820	77	0.452		
总计	37.832	79			

　　针对不同员工数量的出版企业，同样做类似处理，根据表 5.20 显示，大中型出版企业的新媒体技术采纳绩效要高于小型出版企业的。根据方差分析结果显示，不同规模（员工数量）的出版企业在技术采纳绩效上存在显著差异（$p = 0.005 < 0.05$）。根据 LSD 检验法的多重事后比较发现，相比于年销售收入所导致采纳绩效的差异，员工规模所导致的绩效差异更加明显，前者之间的差异性仅体现在大型出版企业与小型出版企业之间，后者的差异性表现在大型出版企业与中型出版企业、大型出版企业与小型出版企业之间。

表 5.20　　不同规模（员工数量）出版企业的新媒体
技术采纳绩效统计（$N=80$）

规模（员工数量）	频次	绩效均值	标准差	极小值	极大值
小型出版企业	33	3.293	0.735	1.00	4.67
中型出版企业	23	3.826	0.602	2.00	5.00
大型出版企业	24	3.764	0.577	2.67	5.00
总计	80	3.588	0.692	1.00	5.00

表 5.21　　出版企业规模（员工数量）对新媒体技术
采纳绩效的方差分析结果

	平方和	df	均方	F	显著性
组间	4.919	2	2.460	5.755	0.005
组内	32.913	77	0.427		
总计	37.832	79			

综合以上方差分析结果，无论是根据年销售收入，还是员工数量，不同规模的出版企业在新媒体技术采纳绩效上均存在显著差异。因此，假设 H1c 得到支持。

117

第6章 基于过程范式的出版企业技术采纳实证分析

本书将出版企业新媒体技术采纳过程分为采纳动机、采纳决策、采纳实施与管理三个主要阶段。以下分别针对上述三个阶段的统计分析结果进行说明。

6.1 采纳动机分析

关于出版企业采纳新媒体技术的动机，根据统计结果显示，45%的出版企业选择"开拓新的产品市场"作为采纳新技术的首要动机，其后依次是弥补传统业务下滑、获取数字创新经验、政策驱动。

接下来采用交叉表统计和方差分析，探索不同采纳动机的出版企业在新媒体技术采纳绩效方面的差异情况。根据不同采纳动机的出版企业新媒体技术采纳绩效的均值结果来看，依次是"弥补传统业务下滑""开拓新的产品市场""政策驱动""获取数字创新经验"。但根据方差分析结果显示，不同采纳动机的出版企业在新媒体技术采纳的绩效上并不存在显著差异（$p = 0.844 > 0.05$）。因此假设 H2 未得到支持。

表 6.1 不同采纳动机的出版企业的新媒体
技术采纳绩效统计 （$N = 80$）

动机类型	企业数量	百分比	绩效均值	标准差	极小值	极大值
弥补传统业务下滑	21	26.30%	3.667	0.494	3.00	5.00
开拓新的产品市场	36	45%	3.602	0.477	2.00	4.33

动机类型	企业数量	百分比	绩效均值	标准差	极小值	极大值
政策驱动	11	15%	3.546	1.118	2.00	5.00
获取数字创新经验	12	13.80%	3.444	1.048	1.00	5.00
总计	80	100%	3.588	0.692	1.00	5.00

表 6.2 出版企业采纳动机对新媒体技术
采纳绩效的方差分析结果

	平方和	df	均方	F	显著性
组间	0.404	3	0.135	0.273	0.844
组内	37.428	76	0.492		
总计	37.832	79			

6.2 采纳决策分析

关于采纳决策的统计分析，主要包括拒绝创新采纳行为分析，以及具体的采纳技术类型与采纳方式分析。

6.2.1 拒绝采纳行为分析

根据本调查结果显示，对创新采纳拒绝的出版企业，阻碍其采纳新媒体技术的主要问题有创新风险过高、创新人才缺乏、创新资金不足，分别占据 36.84%、26.32% 和 21.05%，说明出版企业拒绝采纳新媒体技术最直接的原因是缺乏承担创新风险的能力、创新人才缺乏与创新资金不足（见图 6.1）。

通过与创新采纳类企业的调查结果对比发现，创新风险过高与创新人才缺乏是出版企业面临的普遍问题，而创新资金不足则主要是出版企业拒绝采纳新媒体技术的原因，与之相比，创新采纳类出版企业并未将资金问题视作最重要的问题，其对人才缺乏的担忧要远高于对创新资金的顾虑（见图 6.2）。

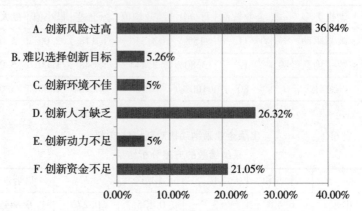

图 6.1　出版企业拒绝采纳新媒体技术主要问题统计（$N=19$）

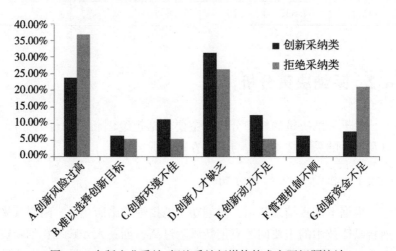

图 6.2　出版企业采纳/拒绝采纳新媒体技术主要问题统计

6.2.2　采纳技术类型分析

根据问卷调查的数据显示，电子书与移动阅读客户端是出版企业采纳的最主要的新媒体技术，分别有 77.50% 和 65% 的出版企业采纳这两种技术类型，远远高于其他类型。除此之外，部分出版企业还采纳电子阅读器/平板电脑、网络教学服务、按需出版（按需印刷)、商用数据库等技术类型,采纳率均超过 25%,其中还有不少出版企业会采纳多种差异明显的技术类型。与此同时,被视为大众出版与科技出版领域未来发展趋势的两种典型产品或服务类型,即自助出版服务与语义出版物并没有受到出版企业的重视,采纳率低于 10%(见图 6.3)。

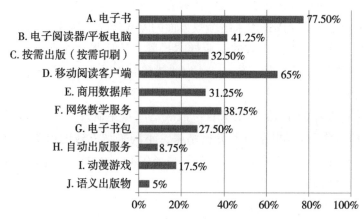

图 6.3 出版企业采纳新媒体技术类型分布统计 ($N = 80$)

6.2.3 采纳方式分析

关于采纳新媒体技术的方式,根据统计结果,41.3% 的出版企业选择"技术外包"作为采纳新技术的首要方式,其次是自主研发,选择技术联盟与企业并购作为采纳方式的企业比例偏低,分别仅有 17.5% 和 5%(见表 6.3)。

表 6.3　出版企业新媒体技术采纳方式统计 ($N = 80$)

采纳方式	企业数量	百分比	累积百分比
自主研发	28	35%	35%
企业并购	4	5%	40%
技术联盟	14	17.50%	57.50%

续表

采纳方式	企业数量	百分比	累积百分比
技术外包	33	41.30%	98.80%
其他	1	1.30%	100%

接下来同样采用交叉表统计和方差分析，探索不同采纳方式的出版企业在新媒体技术采纳绩效方面的差异情况。笔者首先将唯一一个选择"其他"方式的企业样本排除，然后将"企业并购"与"技术联盟"归类为一项，定义为"战略合作"方式，这样所有企业依据采纳方式被分为 3 类。按照不同采纳方式的出版企业新媒体技术采纳绩效的均值结果来看，依次是"自主研发""技术外包""战略合作"。但根据方差分析结果，不同采纳方式的出版企业在技术采纳绩效上不存在显著差异（$p = 0.899 > 0.05$）。因此，假设 H3 未得到支持。

表 6.4　不同采纳方式的出版企业新媒体技术采纳绩效统计（$N = 79$）

采纳方式	频次	绩效均值	标准差	极小值	极大值
自主研发	28	3.643	0.759	1.00	5.00
技术外包	33	3.576	0.597	2.00	4.67
战略合作	18	3.556	0.784	2.00	5.00
总计	80	3.588	0.692	1.00	5.00

表 6.5　出版企业采纳方式对新媒体技术采纳绩效的方差分析结果

	平方和	df	均方	F	显著性
组间	0.104	2	0.052	0.106	0.899
组内	37.378	76	0.492		
总计	37.482	78			

6.3 采纳实施与管理分析

关于出版企业新媒体技术采纳实施与管理的统计分析，主要对出版企业新媒体创新投入状况、新媒体技术采纳的组织学习效应进行统计分析和验证，同时分析管理创新绩效与新媒体技术采纳绩效之间的相关性。

6.3.1 新媒体创新投入分析

关于出版企业对新媒体业务资金投入情况，根据统计结果显示，大部分企业的资金投入规模集中在 10 万~500 万之间，其比重达到 61.25%，将近 50% 的出版企业上一年度对新媒体业务的资金投入低于 100 万，仅有 11.25% 的出版企业资金投入超过 1000 万（见图 6.4）。

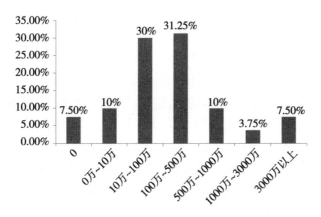

图 6.4　出版企业新媒体业务资金投入情况统计（$N=80$）

关于政府对企业开展新媒体业务的资金支持，根据统计结果可知，除了 18.75% 的出版企业完全未获得政府资金支持，大部分企业近三年来还是获得数额不等的资金支持。其中占比最高的 10 万~100 万，比例达到 27.50%，其次是 100 万~500 万，比例为

18.75%，而近三年政府资金支持超过 500 万的出版企业占比为
26.25%（见图 6.5）。

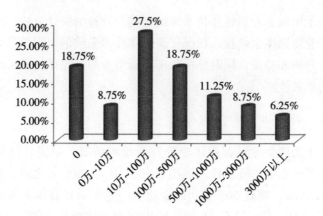

图 6.5　出版企业获得政府有关新媒体业务的资金支持情况统计 ($N=80$)

6.3.2　组织学习效应分析

　　针对新媒体技术采纳的组织学习效应，本书采用线性回归分析
的方法验证所提出的假设 H4a、H4b 与 H4c。其中新媒体技术采纳
绩效为被解释变量，企业信息化水平、企业资金投入、政府资金支
持为解释变量。关于上述解释变量，本书采用不同的方式进行测
量，其中企业信息化水平依据信息化涵盖业务范围与系统集成性，
划分为 5 个等级。根据统计结果，信息化涵盖业务领域在 50% 以下
的达到 55%，而信息化涵盖全部业务领域的仅有 5%（见图 6.6）。

　　企业资金投入与政府资金投入方面，一般来说，千万级别的投
资往往意味着企业对该领域已形成较为明确的战略目标，而 10 万
以下的投资则更多属于企业的一种探索性尝试。根据上述分析，结
合统计分析需要，本书分别将两个变量由 7 个等级合并转化为 5 个
等级，具体是将 "0" 与 "0~10 万" 两项合并，将 "1000 万~
3000 万" 与 "3000 万以上" 两项合并，然后重新计算各自不同等
级的频数。

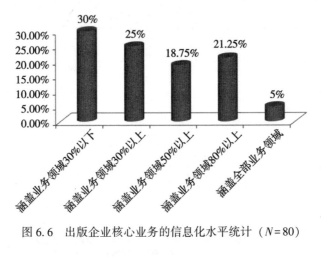

图 6.6　出版企业核心业务的信息化水平统计（$N = 80$）

确定相应的变量之后，构建模型方程如下：

$$\text{NMTAP} = \beta_0 + \beta_1 * \text{IL} + \beta_2 * \text{EI} + \beta_3 * \text{GI} + \varepsilon$$

NMTAP 代表新媒体技术采纳绩效，IL 代表企业信息化水平，EI 代表企业资金投入，GI 代表政府资金支持，β_0 为常数项，β_1、β_2、β_3 分别代表三者的回归系数，ε 为残差。

线性回归分析结果是否有效，一般要满足残差符合正态分布。图 6.7 显示的是标准化残差的正态概率图，从中可以看出，因变量标准化残差呈正态分布，散点基本落在直线上或靠近直线，说明变量之间呈线性关系。因此，满足线性回归分析的前提条件。

根据模型检验结果，F 值所对应的显著性水平为 0.002，明显小于 0.05，说明方程总体回归效果显著，具有统计上的意义。

表 6.6　　　　　　　　　回归模型方差分析结果

模型		平方和	df	均方	F	Sig.
1	回归	6.505	3	2.168	5.261	0.002
	残差	31.327	76	0.412		
	总计	37.832	79			

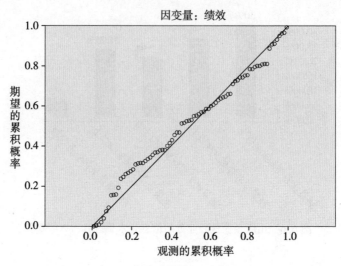

图 6.7　因变量标准化残差 P-P 图

最终，根据回归分析结果显示，整体上 R 方为 0.172，调整后 R 方为 0.139，说明信息化水平、企业综合投入、政府资金支持对新媒体技术采纳绩效的变化有 13.9% 的解释效应量，这表明模型的拟合优度不高，用信息化水平、企业综合投入和政府资金支持这三个变量来预测新媒体技术采纳绩效效果并不理想。

表 6.7　　　　　　　　　　　回归模型 R 方结果

模型	R	R 方	调整 R 方	标准估计的误差	Durbin-Watson
1	0.415	0.172	0.139	0.642	2.195

尽管模型的整体拟合优度不高，但还是可以对各个自变量与因变量之间的线性关系进行分析。根据结果显示，信息化水平与新媒体技术采纳绩效存在显著正相关（$p = 0.019 < 0.05$，Beta = 0.151），企业资金投入与新媒体技术采纳绩效之间在 0.05 显著性水平上不显著，但在 0.1 显著性水平上表现出一定的相关性（$p = 0.083 <$

0.1，Beta＝0.147），政府投入与新媒体技术采纳绩效之间不存在显著相关（$p＝0.741>0.1$）。

同时，在确定多元线性回归分析结果的有效性时，还需要注意"共线性"的问题，共线性主要指的是由于自变量之间的相关度太高造成回归分析的情景困扰。判断自变量之间是否存在多元共线性问题主要参照容差（Tolerance）和方差膨胀因子（VIF）两个指标。容差表示以每个自变量作为因变量对其他自变量进行回归分析得到的残差比例，数值位于0到1之间，容差越小，说明该自变量被其他自变量解释得越精确，共线性越严重。方差膨胀因子是容差的倒数，也即方差膨胀因子越大，容忍度越小，共线性问题越严重。本研究中容差都在0.5到1之间，方差膨胀因子则都小于2，说明自变量之间不存在明显的共线性问题。

表6.8　　　　　　　　回归模型系数及共线性分析

模型		非标准化系数		标准系数	t	Sig.	共线性统计量	
		B	标准误差	试用版			容差	VIF
1	（常量）	2.885	0.195		14.773	0.000		
	信息化水平	0.151	0.063	0.276	2.401	0.019	0.825	1.212
	政府资金投入	-0.024	0.071	-0.049	-0.332	0.741	0.509	1.966
	企业资金投入	0.147	0.084	0.257	1.758	0.083	0.508	1.968

综合以上检验结果表明，企业信息化水平与企业对新媒体业务资金投入在不同显著性水平上对新媒体技术采纳绩效存在显著影响，前者影响程度略高于后者，政府资金支持则对技术采纳绩效不存在显性影响。因此，假设H4a与H4b成立，H4c不成立。

6.3.3　新媒体管理创新分析

关于出版企业新媒体管理创新，本研究通过三个维度进行测量，分别是组织结构、绩效考核方式、项目决策与评价机制。调查发现，有 65% 的出版企业建立起新的组织结构，52.50% 的出版企业建立起新的绩效考核方式，只有 50% 的出版企业建立起新的项目决策与评价机制。

表 6.9　　　　新媒体管理创新绩效统计结果分析（$N=80$）

题目	完全没有	基本没有	一般	有，但差异不大	有，且差异很大
建立起了新的组织结构	2.50%	20%	12.50%	37.50%	27.50%
建立起了新的绩效考核方式	3.75%	20%	23.75%	38.75%	13.75%
建立起了新的项目决策与评价机制	3.75%	27.50%	18.75%	31.25%	18.75%

为了验证新媒体技术采纳绩效与管理创新绩效之间的相互作用关系，本研究对两个变量的相关性进行分析，结果发现，新媒体技术采纳绩效与管理创新绩效之间存在显著正相关（$p = 0.009 < 0.01$），但相关系数仅为 0.290，表现为低度相关。

表 6.10　　管理创新绩效与新媒体技术采纳绩效相关性分析结果

		管理创新
新媒体技术采纳绩效	Pearson 相关性	0.290**
	显著性（双侧）	0.009
	平方与叉积的和	16.426
	协方差	0.208
	N	80

**：在 0.01 水平（双侧）上显著相关。

通过方差分析、相关性分析与线性回归分析，本研究将所有的研究假设的验证结果进行汇总如表 6.11 所示。

表6.11   假设验证结果汇总

假　　设	验证结果
H1a：不同领域的出版企业在新媒体技术采纳绩效上存在显著差异。	否
H1b：不同组织类型的出版企业在新媒体技术采纳绩效上存在显著差异。	是
H1c：不同规模的出版企业在新媒体技术采纳绩效上存在显著差异。	是
H2：不同采纳动机的出版企业在新媒体技术采纳绩效上存在显著差异。	否
H3：不同采纳方式的出版企业在新媒体技术采纳绩效上存在显著差异。	否
H4a：出版企业信息化水平对新媒体技术采纳绩效存在显著影响。	是
H4b：出版企业新媒体业务资金投入对新媒体技术采纳绩效存在显著影响。	是
H4c：出版企业获得政府资金投入对新媒体技术采纳绩效存在显著影响。	否
H4d：出版企业新媒体技术采纳绩效与新媒体管理创新绩效之间存在显著正相关。	是

第7章 基于因素范式的出版企业技术采纳实证分析

针对出版企业新媒体技术采纳绩效的影响因素，本研究结合组织创新采纳等相关理论，设计了企业内部与外部影响因素，通过问卷调查，获取企业对不同影响因素的重要性认知。但是由于本研究回收的有效问卷数量仅为80份，无法满足包含多个影响因素在内的多元回归分析的要求。因此，本研究选择结合企业问卷调查的均值统计结果与专家层次分析问卷的调查结果，共同确定不同影响因素的重要性权重。

7.1 外部影响因素分析

为了验证外部因素的结构是否合理，本书首先需要通过因子分析的方法来判断，然后再统计各公共因子与影响因素的权重值。

7.1.1 因子分析

在开始因子分析之前，针对外部影响因素，首先进行 KMO 检验与 Bartlett 球形检测，判断各因素是否适合因子分析，检验结果显示，KMO 检验值为 0.763，大于 0.5，Bartlett 球形检测的卡方值为 204.104，p 值小于 0.05，适合进行因子分析。接着，本研究运用主成分分析法，结合因子碎石图，最终萃取出 3 个公共因子，累积方差贡献率为 64.295%，说明这些因子能较好地解释外部影响因素。

表 7.1 各外部影响因素因子分析结果

成分	初始特征值			旋转平方和载入		
	合计	方差的 %	累积 %	合计	方差的 %	累积 %
1	3.439	38.211	38.211	2.451	27.234	27.234
2	1.432	15.911	54.122	1.927	21.409	48.644
3	0.916	10.173	64.295	1.409	15.651	64.295
4	0.846	9.404	73.698			
5	0.727	8.081	81.780			
6	0.579	6.429	88.209			
7	0.454	5.049	93.257			
8	0.340	3.782	97.039			
9	0.266	2.961	100.000			

　　通过与初始的理论模型对比分析,发现所萃取出的 3 个因子基本上与本研究所提出的主要变量一致,除了"政府相关资金扶持",其余各变量的载荷值均大于 0.5。依照方差贡献率,笔者对各公共因子进行归纳分析。其中公共因子 1 包含"与科研机构战略合作""与传媒企业战略合作""与 IT 企业战略合作",与原始模型完全一致,可命名为"战略合作"。公共因子 2 包含"版权保护状况""新媒体产品需求状况""政府关于新媒体产业政策""政府相关资金扶持",这与原理论模型基本一致,考虑到政府支持与需求状况、版权保护等因素都是出版企业创新必不可少的支撑环境,这种归纳结果同样具有合理性,将该公共因子命名为"外部支撑环境"。公共因子 3 包含"行业外竞争压力"与"行业内竞争压力",与原理论模型完全一致,可命名为"竞争压力"。最终各外部因素的载荷值见表 7.2。

表7.2   各外部影响因素汇总及载荷值

公共因子	观测变量	变量描述	载荷值
战略合作	X1	与科研机构战略合作	0.861
	X2	与传媒企业战略合作	0.829
	X3	与IT企业战略合作	0.801
外部支撑环境	X4	版权保护状况	0.762
	X5	新媒体产品需求状况	0.749
	X6	政府关于新媒体产业政策	0.656
	X7	政府相关资金扶持	0.473
竞争压力	X8	行业外竞争压力	0.814
	X9	行业内竞争压力	0.749

7.1.2　外部影响因素排序

通过对外部影响因素重要性进行均值统计发现，单项因素排名前四位的依次是新媒体产品需求状况、版权保护状况、政府关于新媒体产业政策、政府相关资金扶持，均属于公共因子"外部支撑环境"。按照公共因子均值统计发现，排名依次是外部支撑环境、战略合作、竞争压力。具体统计结果见表7.3。

表7.3   各外部影响因素均值统计结果

公共因子	均值	排名	影响因素	均值	排名
外部支撑环境	4.22	1	版权保护状况	4.36	2
			新媒体产品需求状况	4.38	1
			政府关于新媒体产业政策	4.08	3
			政府相关资金扶持	4.08	3
战略合作	3.68	2	与IT企业战略合作	3.83	5
			与传媒企业战略合作	3.65	7
			与科研机构战略合作	3.58	9

续表

公共因子	均值	排名	影响因素	均值	排名
竞争压力	3.68	3	行业外竞争压力	3.73	6
			行业内竞争压力	3.64	8

7.2 内部影响因素分析

为了验证内部因素的结构是否合理，同样需要通过因子分析的方法来判断。

7.2.1 因子分析

针对内部影响因素，检验结果显示，KMO 检验值为 0.903，接近于 1，Bartlett 球形检测的卡方值为 490.937，p 值小于 0.05，非常适合进行因子分析。运用主成分分析法，结合因子碎石图，最终萃取出 2 个公共因子，累积方差贡献率为 73.854%，说明这些因子能很好地解释内部影响因素。

表 7.4　　　　　　　　各内部影响因素因子分析结果

成分	初始特征值			旋转平方和载入		
	合计	方差的 %	累积 %	合计	方差的 %	累积 %
1	5.599	62.206	62.206	3.542	39.353	39.353
2	1.048	11.649	73.854	3.105	34.501	73.854
3	0.628	6.976	80.830			
4	0.471	5.235	86.065			
5	0.368	4.093	90.158			
6	0.264	2.931	93.089			
7	0.238	2.641	95.731			

续表

成分	初始特征值			旋转平方和载入		
	合计	方差的 %	累积 %	合计	方差的 %	累积 %
8	0.216	2.403	98.133			
9	0.168	1.867	100.000			

　　通过与初始的理论模型对比分析，发现所萃取出的 2 个因子与本研究所提出的主要变量基本一致，并且所有变量载荷值均大于 0.5。依照方差贡献率，笔者进一步对各公共因子进行归纳分析。其中公共因子 1 包含"企业的资金实力""企业的内容资源""企业的人才资源""企业高层对新媒体业务的支持""企业部门间有关新媒体业务的沟通与合作"，其中前 3 个变量均来自资源视角下的企业资源优势，而管理者支持与组织沟通在一定程度上也可理解为企业内部的权力资源与社会网络资源，因此具有一定的合理性，可将该公共因子命名为"企业资源优势"。公共因子 2 包含"企业战略管理的核心能力""企业网络营销的核心能力""企业内容策划的核心能力""企业目前的信息化程度"，其中前 3 个变量均来自核心能力视角，而在相关研究中，IT 技术吸纳能力同样被视作企业的核心能力之一，[①] 这也能解释为何"企业目前的信息化程度"会与能力相关因素汇聚到一起。最终各内部因素的载荷值见表 7.5。

表 7.5　　　　　　　　各内部影响因素汇总及载荷值

公共因子	观测变量	变量描述	载荷值
企业资源优势	X1	企业高层对新媒体业务的支持	0.813
	X2	企业部门间有关新媒体业务的沟通与合作	0.753
	X3	企业的资金实力	0.827
	X4	企业的人才资源	0.765
	X5	企业的内容资源	0.711

---

　　① 余翠玲. 信息技术吸纳能力理论模型与实证研究 [D]. 长春：吉林大学，2010.

续表

公共因子	观测变量	变量描述	载荷值
企业核心能力	X4	企业网络营销的核心能力	0.901
	X5	企业内容策划的核心能力	0.869
	X6	企业战略管理的核心能力	0.778
	X7	企业目前的信息化程度	0.588

7.2.2　内部影响因素排序

通过对内部影响因素重要性进行均值统计发现，单项因素排名前四位的依次是企业高层对新媒体业务的支持、企业人才资源、企业内容资源、企业部门间有关新媒体业务的沟通与合作，均属于公共因子"企业资源优势"。按照公共因子均值统计发现，排名依次是企业资源优势、企业核心能力。具体统计结果见表 7.6。

表 7.6　　　　　　各内部影响因素均值统计结果

公共因子	均值	排名	影响因素	均值	排名
企业资源优势	4.48	1	企业高层对新媒体业务的支持	4.71	1
			企业部门间有关新媒体业务的沟通与合作	4.38	4
			企业的资金实力	4.28	5
			企业的人才资源	4.60	2
			企业的内容资源	4.42	3
企业核心能力	4.20	2	企业网络营销的核心能力	4.13	9
			企业内容策划的核心能力	4.27	6
			企业战略管理的核心能力	4.23	7
			企业目前的信息化程度	4.15	8

通过影响因素的整体均值来看，内部影响因素的重要性要高于

外部影响因素，前者均值为 4.30，后者为 3.91。当然，在企业问卷调查中，笔者是将内外部因素分开统计，并没有对其进行直接比较，因此对于内外部因素之间影响程度的差异，仍需要结合其他分析方法进行验证。

7.3　影响因素层次分析

通过上述分析，本研究基本验证了影响因素的分类结构，同时初步确定了不同因素的重要性排序，但对于不同因素之间的层次关系，以及具体权重的判断仍存在一定缺陷。为此，本研究进一步通过专家访谈与层次分析法，对不同因素之间的层次关系与具体权重进行判断。

7.3.1　实施步骤

根据层次分析法的基本思想和原理，结合本书的研究目的，以下将逐一对层次分析法的实施步骤进行介绍。

根据前文的分析，首先建立起层次结构模型，其中新媒体技术采纳绩效作为目标层，影响技术采纳的因素则被分为三个层次，每层包含若干元素（如图 7.1 所示）。值得注意的是，与企业问卷调查不同，层次分析问卷在因素选择上进行了一定的调整。其中考虑到除了内外部因素对企业采纳新媒体技术绩效的影响，企业创新策略的选择也会对采纳绩效产生一定的影响，因此本研究在层次分析调查中专门补入"新媒体创新策略"，将其作为第一层级要素。新媒体创新策略主要指的是出版企业利用新媒体技术在产品、生产方式、组织管理等方面不断进行创新，从而在激烈的竞争中保持独特优势的创新策略。另外，针对管理者支持，考虑到产业融合环境下，有必要分辨管理者的支持是基于传统行业的运作经验，还是面向新产业环境下的开放创新精神，因此在层次分析问卷中专门加入"创新精神"与"行业经验"，作为三级要素。

接下来，在层次模型的基础上，根据每一层不同的元素对应下一层的一组元素，构成判断矩阵，同一层次的一组元素之间的相对

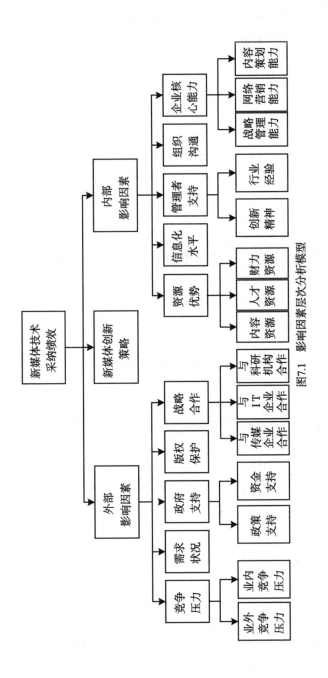

图7.1 影响因素层次分析模型

137

重要性可以进行比较。如：A_k 是某层次因素 b_1、b_2……b_n 的上一层因素，其判断矩阵如表 7.7 所示。

表 7.7　　　　　　　　　判断矩阵的元素表示

A_k	b_1	b_2	……	b_n
b_1	b_{11}	b_{12}	……	b_{1n}
b_2	b_{21}	b_{22}	……	b_{2n}
……	……	……	……	……
b_n	b_{n1}	b_{n2}	……	b_{nn}

在进行比较时，一般采用专门设计的 1~9 标度作为比较的标准，判断矩阵中每个元素都是一个成对比较的比率，如果确定矩阵对角线以上一般的元素，对角线以下一半的元素可以根据 1~9 标度的倒数直接对应写出。

表 7.8　　　　　　　　　判断矩阵标度及其含义

标度	含　　义
1	表示两个因素相比，具有同样重要性
3	表示两个因素相比，一个因素比另一个因素稍微重要。
5	表示两个因素相比，一个因素比另一个因素明显重要。
7	表示两个因素相比，一个因素比另一个因素强烈重要。
9	表示两个因素相比，一个因素比另一个因素极端重要。

确定判断矩阵以后，需要结合本书的研究目的确定专家群。考虑到本研究主要是为了分析影响出版企业新媒体技术采纳绩效的关键因素，因此在条件允许的状况下最好吸收不同背景的专家智慧，除了出版企业负责新媒体业务的专家，还加入了部分具备出版企业与互联网企业双重背景的专家，以及对出版企业创新具有深入研究的学者。最终选定的专家总共 11 位，来自三个类别，包括产业实

践专家 5 位、产业研究专家 3 位、学者专家 3 位。同时，为了保证专家意见能够得到有效收敛，本研究借鉴德尔菲法多轮次调查法。① 第一轮调查中，专家在没有任何倾向性意见的情况下，根据主观判断进行打分，最终获得全部填答信息。通过对全部问卷信息进行分析归纳，将意见整理后反馈给部分专家，特别是个别与其他专家意见差异较大的专家，在不施加任何压力的情况下，相关专家充分参考别人的意见，从而进一步确认或修改原先的结论。

层次分析法的计算分为单层次计算和多层次的合成计算，计算的关键是求解判断矩阵的最大特征根及其对应的特征向量。一般计算矩阵特征根的方法有幂法、和积法与方根法，其中幂法主要用于精度计算，而后两类则属于近似计算方法。由于层次分析法本身带有较强的主观判断，并不在于追求高精度的结果，一般可采用和积法与方根法。本章利用方根法计算判断矩阵的最大特征根及对应的特征向量，并进行一致性检验。最后采用逐层叠加的方法，从最高层次向低层次逐层进行计算，最终计算出所有层次对于总目标的层次总排序值。

7.3.2 算例说明

这里以专家 A 的填答结果为例，说明不同影响因素权重判断的过程。

以第一层要素对新媒体技术采纳绩效的判断矩阵

$$A = \begin{Bmatrix} 1 & 5 & 3 \\ 1/5 & 1 & 1/3 \\ 1/3 & 3 & 1 \end{Bmatrix}$$

使用方根法计算其最大特征根及其对应的特征向量。

（1）计算 A 中每一行元素的乘积：

$$M_1 = 1 * 5 * 3 = 15$$
$$M_2 = 1/5 * 1 * 1/3 = 1/15$$

---

① 卢泰宏. 信息分析 [M]. 广州：中山大学出版社，1998：219.

$$M_3 = 3 * 1/3 * 1 = 1$$

（2）求 M_1、M_2、M_3 的三次方根（$n=3$）：

$$\overline{W}_1 = \sqrt[2]{M_1} = \sqrt[3]{15} = 2.466$$

$$\overline{W}_2 = \sqrt[3]{M_2} = \sqrt[3]{1/15} = 0.405$$

$$\overline{W}_3 = \sqrt[3]{M_3} = \sqrt[3]{1} = 1$$

（3）对向量 $\overline{W} = [\overline{W}_1, \overline{W}_2, \overline{W}_3]$ 归一化：

$$\sum_{i=1}^{3} \overline{W}_i = 2.466 + 0.405 + 1 = 3.871$$

$$W_1 = \overline{W}_1 / \sum \overline{W}_i = 0.637$$

$$W_2 = \overline{W}_2 / \sum \overline{W}_i = 0.105$$

$$W_3 = \overline{W}_3 / \sum \overline{W}_i = 0.258$$

故特征向量

$$W = [W_1, W_2, W_3] = [0.637, 0.105, 0.258]$$

（4）由特征向量求出最大特征根 λ_{max}，进行一致性检验：

$$A * W = \begin{Bmatrix} 1 & 5 & 3 \\ 1/5 & 1 & 1/3 \\ 1/3 & 3 & 1 \end{Bmatrix} * \begin{Bmatrix} 0.637 \\ 0.105 \\ 0.258 \end{Bmatrix}$$

得　$(AW)_1 = 1 * 0.637 + 5 * 0.105 + 3 * 0.258 = 1.936$

$(AW)_2 = 1/5 * 0.637 + 1 * 0.105 + 1/3 * 0.258 = 0.318$

$(AW)_3 = 1/3 * 0.637 + 3 * 0.105 + 1 * 0.258 = 0.785$

由此，$\lambda_{max} = (AW)_1 / 3W_1 + (AW)_2 / 3W_2 + (AW)_3 / 3W_3$

$$= 3.037$$

因 $n=3$，查表得 RI=0.58

$$CI = (3.037-3) / (3-1) = 0.018$$

$$CR = CI/RI = 0.018/0.58 = 0.031 < 0.10$$

一致性检验通过。

（5）按照同样的方法，求出第二层元素对第一层元素的特征向量。这里分别用 I（Internal）与 E（External）表示内部影响因素与外部影响因素。

$$I=\begin{Bmatrix} 1 & 5 & 1/3 & 3 & 1/5 \\ 1/5 & 1 & 1/5 & 1/3 & 1/7 \\ 3 & 5 & 1 & 3 & 1/3 \\ 1/3 & 3 & 1/3 & 1 & 1/5 \\ 5 & 7 & 3 & 5 & 1 \end{Bmatrix} \quad E=\begin{Bmatrix} 1 & 1/5 & 1/7 & 3 & 1/3 \\ 1/5 & 1 & 1/3 & 5 & 3 \\ 7 & 3 & 1 & 5 & 3 \\ 1/3 & 1/5 & 1/5 & 1 & 1/3 \\ 3 & 1/3 & 1/3 & 3 & 1 \end{Bmatrix}$$

特征向量计算结果如下:

$W^I = [0.1411, 0.0403, 0.2426, 0.0821, 0.4939]$

$W^E = [0.0712, 0.2762, 0.4584, 0.0491, 0.1451]$

求出最大特征根 λ_{max},$\lambda^I_{max} = 5.3176$,$\lambda^E_{max} = 5.3532$

一致性指标 $CI^I = 0.0709$,$CI^E = 0.0788$,均通过一致性检验。

(6)进一步再计算第三层元素对第二层元素的特征向量,主要针对资源优势、管理者支持、企业核心能力、竞争压力、政府支持、战略合作等元素。

$$F_a=\begin{Bmatrix} 1 & 1/3 & 3 \\ 1/5 & 1 & 5 \\ 1/3 & 1/5 & 1 \end{Bmatrix} \quad F_b=\begin{Bmatrix} 1 & 7 \\ 1/7 & 1 \end{Bmatrix} \quad F_c=\begin{Bmatrix} 1 & 7 & 7 \\ 1/7 & 1 & 1 \\ 1/7 & 1 & 1 \end{Bmatrix}$$

$$F_d=\begin{Bmatrix} 1 & 5 \\ 1/5 & 1 \end{Bmatrix} \quad F_e=\begin{Bmatrix} 1 & 7 \\ 1/7 & 1 \end{Bmatrix} \quad F_f=\begin{Bmatrix} 1 & 1/5 & 3 \\ 5 & 1 & 7 \\ 1/3 & 1/7 & 1 \end{Bmatrix}$$

求得特征向量结果如下:

$W_a = [0.2583, 0.6370, 0.1047]$;$W_b = [0.8750, 0.1250]$;

$W_c = [0.7778, 0.1111, 0.1111]$;$W_d = [0.8333, 0.1667]$;

$W_e = [0.8750, 0.1250]$;$W_f = [0.1884, 0.7306, 0.0810]$

相应的一致性检验结果如表 7.9。

表 7.9 专家 A 填答的第三层因素一致性检验结果汇总

	W_a	W_b	W_c	W_d	W_e	W_f
λ_{max}	3.0385	2	3	2	2	3.0649
CR	0.0370	0	0	0	0	0.0624

7.3.3 层次分析结果

根据上述方法,本书分别对 11 份专家问卷进行计算,其中有 3 份未通过一致性检验。通过对 8 位专家填答结果进行加权处理,最终得到出版企业新媒体技术采纳影响因素的综合权重。以下就不同层级的因素权重及排序进行说明。

针对第一层级,统计结果发现,整体上内部影响因素的重要程度最高,其次是新媒体创新策略,最后是外部影响因素(见表 7.10)。

表 7.10   **第一层级因素权重判断结果**

第一层级	相对权重值	排序
A 内部影响因素	0.5026	1
B 新媒体创新策略	0.3034	2
C 外部影响因素	0.1940	3

针对第二层级,统计结果显示,除了需求状况因素,排名前四位的二级元素均来自内部影响因素,依次是企业核心能力、资源优势、管理者支持与需求状况(见表 7.11)。

表 7.11   **第二层级因素权重判断结果**

第二层级	相对权重	整体权重	排序
A1 资源优势	0.2019	0.1141	2
A2 信息化水平	0.1102	0.0567	6
A3 管理者支持	0.2122	0.1069	3
A4 组织沟通	0.1447	0.0585	5
A5 企业核心能力	0.3311	0.1664	1
C1 竞争压力	0.2469	0.0480	7

第二层级	相对权重	整体权重	排序
C2 需求状况	0.3202	0.0737	4
C3 政府支持	0.2170	0.0387	8
C4 版权保护	0.1021	0.0180	9
C5 战略合作	0.1139	0.0158	10

　　针对资源优势、管理者支持、企业核心能力、竞争压力、政府支持与战略合作等因素，以下分别对相应的第三层级因素进行分析（见表 7.12）。其中，资源优势、管理者支持与企业核心能力均属于内部影响因素。在资源优势因素中，人才资源的重要性程度最高，其次是内容资源，最后是财力资源。

表 7.12　　**资源优势的第三层级因素权重判断结果**

第二层级	第三层级	相对权重	排序
A1 资源优势	A11 内容资源	0.4210	2
	A12 人才资源	0.4626	1
	A13 财力资源	0.1164	3

　　针对管理者支持，统计结果显示，创新精神的重要性程度要明显高于行业经验，前者的相对权重值高达 0.8177，而后者仅为0.1823（见表 7.13）。

表 7.13　　**管理者支持的第三层级因素权重判断结果**

第二层级	第三层级	相对权重	排序
A3 管理者支持	A31 创新精神	0.8177	1
	A32 行业经验	0.1823	2

　　针对企业核心能力，统计结果显示，内容策划能力是其中最为重要的能力因素，其次是战略管理能力与网络营销能力（见表 7.14）。

表 7.14　　企业核心能力的第三层级因素权重判断结果

第二层级	第三层级	相对权重	排序
A5 企业核心能力	A51 战略管理能力	0.3649	2
	A52 网络营销能力	0.1989	3
	A53 内容策划能力	0.4363	1

　　以下三类二级元素均属于外部影响因素。其中，针对竞争压力，行业外竞争压力的重要性要高于行业内竞争压力（见表 7.15）。

表 7.15　　竞争压力的第三层级因素权重判断结果

第二层级	第三层级	相对权重	排序
C1 竞争压力	C11 业外竞争压力	0.625	1
	C12 业内竞争压力	0.375	2

　　针对政府支持，统计结果显示，政策支持与资金支持的权重值较为接近，前者略高于后者（见表 7.16）。

表 7.16　　政府支持的第三层级因素权重判断结果

第二层级	第三层级	相对权重	排序
C3 政府支持	C31 政策支持	0.5781	1
	C32 资金支持	0.4219	2

　　针对战略合作，统计结果显示，与 IT 企业合作的重要性最高，其次是与科研机构合作，最后是与传媒企业合作（见表 7.17）。

表 7. 17　　　　　**战略合作的第三层级因素权重判断结果**

第二层级	第三层级	相对权重	排序
C5 战略合作	C51 与传媒企业合作	0.2466	3
	C52 与 IT 企业合作	0.4576	1
	C53 与科研机构合作	0.2970	2

最后，通过对不同层级的影响因素的权重进行汇总整理，得到完整的影响因素权重图表（见表 7. 18）。

表 7. 18　　　　　　　**各内外部因素权重结果汇总**

目标层	一级因素	二级因素	三级因素
出版企业新媒体技术采纳绩效	A 内部影响因素（$U_a = 0.5026$）	A1 资源优势（$U_{a1} = 0.1141$）	A11 内容资源（$U_{a11} = 0.0684$）
			A12 人才资源（$U_{a12} = 0.0370$）
			A13 财力资源（$U_{a13} = 0.0113$）
		A2 信息化水平（$U_{a2} = 0.0567$）	—
		A3 管理者支持（$U_{a3} = 0.1069$）	A31 创新精神（$U_{a31} = 0.0722$）
			A32 行业经验（$U_{a32} = 0.0159$）
		A4 组织沟通（$U_{a4} = 0.0588$）	—
		A5 企业核心能力（$U_{a5} = 0.1664$）	A51 战略管理能力（$U_{a51} = 0.0621$）
			A52 网络营销能力（$U_{a52} = 0.0226$）
			A53 内容策划能力（$U_{a53} = 0.0631$）

续表

目标层	一级因素	二级因素	三级因素
出版企业新新媒体技术采纳绩效	B 新媒体创新策略 ($U_b = 0.3034$)	—	—
	C 外部影响因素 ($U_c = 0.1940$)	C1 竞争压力 ($U_{c1} = 0.0480$)	C11 业外竞争压力 ($U_{c11} = 0.0297$)
			C12 业内竞争压力 ($U_{c12} = 0.0167$)
		C2 需求状况 ($U_{c2} = 0.0737$)	—
		C3 政府支持 ($U_{c3} = 0.0387$)	C31 政策支持 ($U_{c31} = 0.0813$)
			C32 资金支持 ($U_{c32} = 0.0188$)
		C4 版权保护 ($U_{c4} = 0.0179$)	—
		C5 战略合作 ($U_{c5} = 0.0158$)	C51 与传媒企业合作 ($U_{c51} = 0.0053$)
			C52 与 IT 企业合作 ($U_{c52} = 0.0117$)
			C53 与科研机构合作 ($U_{c53} = 0.0110$)

　　通过上述分析，整体上内部影响因素的权重要明显高于外部影响因素，这与企业问卷调查中反映的结果基本一致。值得注意的是，新媒体创新策略的重要性要高于外部影响因素，说明企业创新发展的策略对于最终采纳新媒体技术的绩效具有较大的影响。在二级元素排序上，大部分因素与此前问卷调查的结果相符。内部影响因素方面，资源优势与管理者支持依然发挥着重要作用，但是企业核心能力的排序则发生明显变化，专家普遍认为企业核心能力在出版企业新媒体技术采纳中起到更重要的作用。外部影响因素方面，需求状况与政府支持同样也与此前调查结果基本吻合，但版权保护则存在较大差异，大部分专家认为该因素在出版企业新媒体技术采

纳中所起的作用相对较小。在三级元素排序上，除了个别因素排序有微小变化，大部分因素与此前问卷调查的结果吻合。

通过层次分析法，本研究进一步验证了之前面向出版企业的问卷调查的研究结论，同时也发现个别结果的差异。对此，笔者将在结果讨论部分详细展开。

第8章 出版企业新媒体技术
采纳案例研究

上文借助问卷调查所获得的定量数据，对出版企业新媒体技术采纳绩效的影响因素进行了全面的分析，并得出了相应的权重结果。但是对企业创新影响因素的研究并不应该仅仅只是几个数值结果，更重要的是要探究不同因素的作用机制与方式。本书将案例研究作为对定量研究的深化和补充，借此探究出版企业新媒体技术采纳的真实状况。因此，本章就影响出版企业新媒体技术采纳绩效的不同因素的作用机制，选取典型企业展开案例研究。

8.1 案例研究目的

罗伯特·K. 殷在《案例研究方法的应用》一书中提到，案例研究的使用主要出于几种情况：一是研究主题较为宽泛；二是研究包含前后相互联系且复杂的多个变量；三是需要依赖多种证据来源。① 针对组织创新采纳的研究，借助问卷调查，尽管可以确定变量之间的相互关系，但对于变量具体作用机制的理解仍然存在较大的障碍，往往需要借助案例研究来深化对研究问题的认识。不少研究者指出，案例研究对于组织采纳创新技术过程中的相关复杂现象具有较强的适用性。② 据相关统计，在信息管理领域的各类研究论

---

① ［美］罗伯特·K. 殷. 案例研究方法的应用［M］. 周海涛，等，译. 重庆：重庆大学出版社，2009：1.

② Orlikowski W J, Baroudi J J. Studying information technology in organizations: research approaches and assumptions ［J］. Information Systems Research, 1991, 2 (1): 1-28.

文中，案例研究约占10.4%，仅次于实验研究法。① 一般来说，根据研究目的的不同，案例研究可分为探索性研究、描述性研究与解释性研究，其中解释性研究是在对客观现象描述的基础上，对现象发生的原因与结果进行较为深入的解释。本书采用案例研究方法，主要是从新媒体技术采纳的因素范式出发，探讨相关因素对出版企业创新绩效的作用机制，因此使用的是解释性案例研究法。具体的研究问题包括：

（1）出版企业新媒体技术采纳的基本状况是怎样的？绩效表现如何？

（2）哪些因素影响出版企业新媒体采纳绩效？这些因素的作用机制是如何的？

8.2 案例研究设计

案例研究可以采用单案例研究，也可以采用多案例研究，前者侧重于对特定的理论进行验证或质疑，后者则可以通过对不同案例的对比分析，得到更全面的认识和更深入的解释。考虑到案例对象选择和研究条件的限制，本书采用单案例研究方法，围绕出版企业正在开展的新媒体业务及产品项目，进行案例研究分析。以下主要介绍案例对象的选择与具体的资料收集。

8.2.1 对象选择

案例对象的选择是案例研究的关键步骤，其目的是通过确定合适的对象，为接下来的资料收集和案例研究打下坚实的基础，因此需要建立在可操作的标准基础上。根据上述要求，本书在选择典型案例中主要基于如下标准：

（1）首先要求案例对象在各自领域具有较强的代表性，能够

---

① Palvia P, En Mao P, Salam A F, et al. Management information systems research: what's there in a methodology? [J]. Communications of the Association for Information Systems, 2003 (11): 289-309.

反映国内出版企业采纳新媒体技术、开展新媒体创新实践的真实状况。

（2）所选案例对象在开展相关实践中已积累了一定的经验，能够为研究问题的探讨提供丰富的素材。

（3）考虑到研究开展的局限性，针对所选的案例对象进行研究必须具备现实可行性，包括获得一手数据和资料，与关键人进行必要的访谈等。

结合以上标准，笔者尝试走访了多家出版企业，并对其中部分负责人进行了访谈，但由于大多企业缺乏较为典型的新媒体创新实例，导致对采纳绩效影响因素的探讨无法深入，不得不放弃。综合各个调研结果，本书最终选取中南出版传媒集团股份有限公司旗下的天闻数媒科技有限公司作为典型案例对象。首先，从业务范围上来看，该公司的业务领域涉及教育出版、大众出版与专业出版，其中以中小学教育出版作为重点业务，这也是目前国内出版业数字化转型最具成长性的领域。其次，从发展阶段来看，该公司已在新媒体创新方面取得一定的进展，积累了较为丰富的经验，具有较好的代表性。此外，考虑到该公司的母公司中南出版传媒集团股份有限公司是国内上市公司，有利于前期收集相关的公开资料，与此同时，笔者通过与该公司某部门经理取得联系，获得许可进入公司参访，并就本研究所涉及的相关问题开展交流，具备了案例研究的可行性。

8.2.2　资料收集

根据相关学者的总结，案例研究最主要的证据包括文献、档案、访谈、直接观察、参与式观察、实物证据六种来源，结合本研究的实际情况，这里主要采用文献、档案、访谈与直接观察四种途径获取相关资料。具体方式包括：

（1）文献。笔者通过网站搜索引擎与专业数据库检索等方式，获取关于案例研究对象的相关文献，具体包括学术论文、媒体新闻报道等。

（2）档案资料。由于本研究中涉及的中南出版传媒集团是国内上市公司，笔者通过登录公司网站，下载近三年公司年报，对这家公司的新媒体业务发展状况、关键事件、业绩表现及未来发展方向予以全面的了解。除此之外，笔者在实际参访出版企业的过程中，也从被调查者手中获得企业的部分档案资料。

（3）半结构化访谈。访谈作为案例研究中的重要手段，具有其他资料获取途径所不具备的特殊优势。就企业技术创新而言，本质上是人与技术的结合，无论是企业自身条件对创新结果的影响，还是内外部影响因素的作用，都离不开人的重要作用。因此通过深度访谈，能够发现组织内部人的创新，从而更加深刻地理解不同因素在新媒体创新中的作用机制。深度访谈允许研究者针对研究目标设计问题，在与被调查者面对面访谈中获取答案，同时在面对面交流中还能更加直观地了解被调查者的态度和倾向性。在本研究中，笔者首先设计好相应的访谈提纲，提前通过电子邮件发给预调查企业的负责人，然后在实际调查中，大致按照准备好的问题对出版企业的部分管理层与员工都进行了多次访谈，从而获取真实的一手资料。

（4）直接观察。笔者在调查企业的过程中，由相关负责人引导参观了企业的工作场所，认真观察企业员工的工作状况，并且在适当情况下与其进行简短的交流。

结合以上四种方式，笔者基本获取了案例研究所需要的相关资料，从而为案例的分析奠定了基础。

8.3 案例描述与分析

以下主要对天闻数媒科技有限公司展开案例分析。

8.3.1 背景介绍

天闻数媒科技有限公司（以下简称"天闻数媒"）是中南出版传媒集团股份有限公司（以下简称"中南传媒"）与华为技术有限公司（以下简称"华为公司"）的合资公司，成立于2011年，注册资本为3.2亿元。天闻数媒是中南传媒与华为公司数字内容资源的唯一运营主体，同时也是数字资源对外合作的唯一窗口。作为天闻数媒的母公司，中南传媒是目前国内市值最大的出版传媒上市公司，2009 年综合实力位列全国出版集团第二，出版传媒主业营收位居全国出版集团第一。华为公司作为全球领先的电信解决方案供应商，其产品与解决方案遍及全球 160 多个国家，2012 年的营业额为 2202 亿元人民币，继续保持全球第二大电信设备制造商的地位。依托中南传媒深厚的内容积淀与华为公司雄厚的技术实力，天闻数媒从数字内容市场需求出发，形成了数字教育、政企学习和大众阅读三大应用领域，其中数字教育是其中的核心业务，占据天闻数媒绝大部分收入。①

　　作为国内领先的数字出版公司，天闻数媒的发展受到出版传媒与 IT 领域的广泛关注，已有相关学者针对其在新媒体领域的创新实践展开案例研究，②③ 但整体而言，大部分案例研究主要将焦点集中在企业具体实施的项目本身，而对企业创新过程中团队与个人的真实感受，以及影响创新的主要因素的挖掘方面有所不足。本书通过对前期二手资料进行梳理、走访企业、开展深度访谈等多种方式对天闻数媒的新媒体创新实践进行深入研究，力图揭示出版企业采纳新媒体技术与数字化转型过程中的关键影响因素。

8.3.2　案例描述

　　天闻数媒的数字教育业务主要围绕 AiSchool 数字教育解决方案展开。该方案应用"技术+数字教育内容+科研咨询"理念，聚合精准的数字化内容，以信息化引领教育理念和教育模式的创新。该方案针对的目标用户包括中小学教师、学生、家长与学校管理者，覆盖课前、课中、课后以及课外的教学全流程，其核心价值在于促

---

① 来源于被访谈人透露的信息。
② 新闻出版总署科技与数字出版司.实践·探索·启迪——数字出版案例选编 [M].北京：中国书籍出版社，2011：153-158.
③ 崔立.天闻数媒，打开转型一扇窗 [J].出版人，2013（10）：40-42.

进教育均衡，缩小教育鸿沟，解决教师备课任务过于繁重、测评方式过于单一、学生课业压力过大等问题，最终实现学习的高效化、个性化与泛在化。

AiSchool 云课堂按照软硬一体化设计原则进行研发，构建云、管、端三层网络架构，其中云平台、云空间、管理平台以及内容资源统一部署在云课堂引擎内，教师、学生终端通过路由、AP 等网络管道，接入云课堂引擎内，形成互联互通。该平台包含三大模块，分别是云课堂引擎、无线网络和终端设备。其中云课堂引擎为整个系统的核心，承载云课堂的核心业务运作和数据存储功能；无线网络系统为系统的管道，承载教师、学生 Pad 无线接入云平台的功能；终端设备则为学生、教师和家长使用云服务提供多样化入口。该平台采用国际主流和成熟技术进行系统架构设计，易于支撑和维护；同时采用统一的数据格式、业务接口及报表样式，便于其他系统接入；平台具有可扩展能力，适应相关业务流程的调整，从而以较低的成本实现技术升级。目前，云课堂提供的解决方案全面涵盖管理、教学与学习的需求，包括教务管理、备课系统、授课系统、测评系统、电子图书馆、家校互动等功能服务。具体的AiSchool 解决方案系统架构如图 8.1。

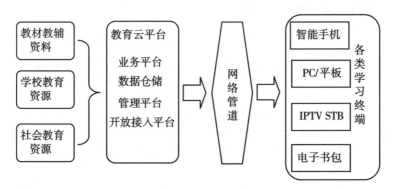

图 8.1　AiSchool 解决方案系统架构示意图

2012 年，天闻数媒与深圳龙岗区政府合作建立实验局，在湖南长沙开展试点，并与北京、上海、山东、山西、四川等地 18 所学校签订单校产品解决方案商用合同。① 2013 年上半年，AiSchool 的单校产品订单新增 116 个，样板城市新增 8 个，累计完成了北京、上海、广州、深圳、南京等 14 个城市的系统交付工作。2013 年 9 月，天闻数媒中标深圳市龙岗区数字教育项目工程，为龙岗区的学校提供全方位的数字教育解决方案。② 从盈利状况来看，2013 年上半年，中南传媒数字媒体业务收入增加 2167.02 万元，较上年同期增长了 878.52%，其中主要来源正是 AiSchool 数字教育业务。③ 据相关负责人透露，截至 2013 年底，天闻数媒已顺利实现盈亏平衡。

8.3.3　案例分析

通过上述描述可以看到，天闻数媒作为中南传媒旗下的一家控股公司，自 2010 年 3 月成立以来，初步完成了中南传媒在新媒体市场的战略布局。④ 它在数字教育领域取得的成果，对于探索文化与科技融合的出版企业来说，具有较强的典范性。区别于对单纯业务项目的描述，本书将重点探讨哪些因素影响该企业新媒体技术采纳绩效，以及不同影响因素的作用机制。

8.3.3.1　管理者支持

在新媒体创新过程中，出版企业首要解决的是认识问题，正确的认识决定了企业的决策以及后续的执行。近几年，教育信息化与

---

① 中南出版传媒集团股份有限公司 [EB/OL].［2013-12-04］. http：//finance. china. com. cn/stock/20130409/1373351. shtml.

② 崔立. 天闻数媒，打开转型一扇窗 [J]. 出版人，2013（10）：40-42.

③ 中南出版传媒集团股份有限公司 2013 年半年度报告 [EB/OL].［2013-12-04］. http：//www. zncmjt. com/upload/news/201308/20130826053528536891. pdf.

④ 新闻出版总署科技与数字出版司. 实践·探索·启迪——数字出版案例选编 [M]. 北京：中国书籍出版社，2011：154.

数字出版成为文化教育领域政策制定的重点。① 教育信息化方面，《国家中长期教育改革与发展规划纲要（2010—2020 年）》（以下简称"纲要"）将"加快教育信息化进程"作为单独一章，并将"教育信息化建设"列为十大重点项目之一。纲要中明确提出，"信息技术对教育发展具有革命性影响，必须予以高度重视"。数字出版方面，《数字出版"十二五"时期发展规划》中就将"电子书包及配套资源数字化工程"列为"十二五"时期数字出版业发展的重点项目之一，今后将加大扶持力度。上述利好政策无疑对天闻数媒开拓数字教育业务提供了历史性机遇，这一认识也体现在天闻数媒的宣传文件中。但另一方面，或许也是更深层次的原因，传统出版业务的发展碰到了天花板，尽管公司在年报中也出现"传统出版亮点纷呈""传统出版改造日显成效"等字眼，但进一步关注相关的访谈报道，可以明确感受到的一点是，中南传媒的领导层对于传统业务转型的危机感和紧迫感远远超出这个行业的"平均值"。2013 年，在中南传媒董事长龚曙光与媒体的见面会中，龚曙光就坦言，"我不认为在新技术下中国的出版业未来的前途就一路坦途，我甚至不认为中南传媒在未来的发展中就一定一帆风顺"，②面对出版与广电管理部门合并所带来的跨媒体机遇，龚曙光更是用多个反问句质疑出版企业"跨出去"的勇气和能力。天闻数媒原总经理张文飞提到，数字出版领域的竞争早已不限于传统出版业的范畴，如果我们出版业还是固守着原来的方式，那将是最大的风险，要么自我变革，要么被别人革命。③

所谓危机常在，动力不常在，这是国内不少出版企业客观存在的问题。中南传媒则是将行业所面临的强大外部压力，转化为管理层自我变革乃至实施颠覆性创新的内在动力，这才有了中南传媒与

① 向江. 电子书包推动教育信息化革命［J］. 上海教育，2013（27）：66-67.

② 中南传媒董事长龚曙光媒体见面会（文字实录）［EB/OL］.［2013-12-04］. http：//hn. rednet. cn/c/2013/04/19/2980062. htm.

③ 新闻出版总署科技与数字出版司. 实践·探索·启迪——数字出版案例选编［M］. 北京：中国书籍出版社，2011：154.

华为的战略合作，也才有了天闻数媒的成立。早在天闻数媒成立初期，中南传媒就提出"无条件支持天闻数媒快速做大"，而之所以将其称为"数字内容资源的唯一运营主体和数字资源对外合作的唯一窗口"，也表明中南传媒决心赋予这家新创公司数字内容运营的"绝对"权力，某种程度上甚至是以"剥夺"下属出版社部分经营权力为代价。从 2010 年 6 月，天闻数媒开始接触华为公司，前后进行了 7 次商务谈判，时间跨度长达半年之久。① "当时注册资金 3.2 亿，不是玩虚的，是直接打到公司账上的"，天闻数媒战略部的一位负责人事后回忆说。这一系列"落到地上"的支持举动，体现了企业管理者对开拓新媒体市场的决心和勇气。

8.3.3.2　企业核心能力

在高层达成共识基础后，接下来公司需要解决自身定位与核心能力培养的问题。在这个过程中，华为公司的影响尤为显著。在龚曙光看来，与华为公司的合作是中南传媒真正进入信息化市场和国际通讯平台有力的、便捷的渠道，是中南传媒从传统传媒企业向现代信息企业迈进的重大契机。② 对中南传媒来说，华为公司在技术能力和运营商关系方面的积累是它开展新媒体业务所看重的方面；而对华为公司来说，尽管这似乎违背了该公司 15 年前制定的《基本法》中"永不进入信息服务领域"的规定，但其背后则是华为公司在成为世界一流的设备供应商以后必须要寻找发展增长点的压力所致。当然，对于两家公司战略合作中的资源和技术优势互补已经被广泛谈及，③ 但常常被人所忽视的，并且也是非常重要的方面，是其企业管理者以及员工角色定位的影响。在访谈中，不少天闻数媒的员工都笑称，公司是不折不扣的"富二代"。无论从公司

---

① 新闻出版总署科技与数字出版司. 实践·探索·启迪——数字出版案例选编 [M]. 北京：中国书籍出版社，2011：155.

② 中南传媒加速向多元多通道出版扩张 [EB/OL]. [2013-12-04]. http：//www. gapp. gov. cn/cbgls/oldcbgls/contents/3016/138330. shtml.

③ 中南传媒联手华为实施数字化转型 [EB/OL]. [2013-12-04]. http：//business. sohu. com/20110121/n278997863. shtml.

注册资本，还是两家母公司在各自领域的影响力，天闻数媒都堪称是富二代。但对于创业公司来说，这种身份既可能是一种优势，有时候也会成为失败的元凶，它会不经意间剥夺一家企业在新媒体领域创新发展所必需的危机感，我们看到过太多坐拥资金、政策、社会资源等优势的创业企业轰然倒下的失败案例。正因为如此，在两家公司达成增资协议后，天闻数媒的管理层更多引入来自华为公司的管理者，公司的价值观也确立为"以客户为中心、以奋斗者为本、坚持艰苦创业"，其中"艰苦创业"四个字尤为醒目，被深深地刻上华为的烙印。在这里，价值观并不仅仅是一种说辞，而是被完整地落到实践中。据公司员工透露："一些从华为过来的管理层，其实他们什么都不缺，但还是非常勤奋，几乎是没有节假日的，他们的职业程度和敬业精神，对中南过来的人有很大的触动。"当许多出版企业还在为一个项目论证三年而无果的时候，天闻数媒却可以用最快的速度将项目落地并且执行，这避免了一般出版企业面对新媒体创新挑战所出现的核心僵化的问题，从而将企业的核心能力迅速转移到新的领域。

8.3.3.3 用户需求

在面向中小学的数字教育创新领域，企业是否握有海量的教学资源以及云平台与终端设备技术非常重要，但最重要的是建立用户导向的战略思维。因为企业所要面对的主要用户仍然是更习惯于传统教学方式和氛围的学生、老师和管理者。正如教育信息化专家余胜泉教授所提到，教育信息化，不光是教学设备、教育手段的改变，而是教学思想、观念和教学结构及模式的转变。① 在华为公司的字典里，用户是至高无上的。对天闻数媒而言，同样如此。为了帮助教师适应全新的教学方式，天闻数媒采用咨询师的方式，从不同学校请来各个学科的优秀教师，有的是已退休的特级教师，与他

① 余胜泉，吴娟，李文光. 运用现代教育技术进行学科教学改革的先锋——"四结合"教改试验研究项目的回顾与展望 [J]. 电化教育研究，2002（3）：36-43.

们共同设计适应信息化技术的教学方案和流程，然后由他们带动身边的老师。这个过程中，老师会不断提出需求点和系统存在的问题，咨询师会将需求反馈到公司，从而带动后续的技术研发。作为一种教学辅助系统，学生在使用 AiSchool 教学产品的过程中，相应的学习过程得以完整地记录，包括学生在哪个页面停留时间多、哪些题目反复出错等，这些信息可以帮助教师提升教学质量，同时也为系统改进提供了最真实的参考数据。与此同时，天闻数媒也与北师大、湖南大学等多所高校从事教育研究的专家合作开展课题研究，针对实践中的一些重要问题展开深入的调查研究。这可以说是一种双赢之举，它一方面提升了公司对用户需求与市场发展趋势的研判水平，另一方面也为合作高校的科研人员成长带来现实的帮助。

8.3.3.4　资源优势

内容资源是传统出版企业开拓新媒体业务的基础。AiSchool 数字教育平台一方面依托中南传媒积累的丰富的教学资源，如名师网覆盖中小学所有知识点的微视频等内容；另一方面，天闻数媒与全国教育专家和一线名师进行合作，不断从一线名师那里整理出优质的教学内容，收集各个学校的个性化需求和特色理念，然后向学校提供实用、优质的数字教学产品。除了掌握丰富的教学资源，更重要的是对资源的深度加工。面对优质的教学资源，天闻数媒会采取合理规划和定制开发，如将教师备课资源内容进行碎片化处理，形成一套备课资源包，平均每套包含大约 40 条资源，可供教师教学设计平台的灵活调用。

人才资源，是一个企业发展的基石，对于新媒体与数字出版这样的知识密集型领域而言，更是如此。但究竟怎样的专业人才适合这个领域，目前还没有准确的答案。天闻数媒北京公司与湖南公司总共有 300 多人，除了研发人员以外，其他各个岗位的学科背景非常多元化，不仅有文学、历史、经济管理等人文社科，还有生物、化学、计算机等理工科。相比于学科背景的宽泛要求，公司对员工能力和经验有着相对较高的要求，不少员工有在阿里巴巴、百度、方正、中兴等大公司的工作经历。相对而言，从出版社进入到天闻数媒的员工反而多少显得有些水土不服，一方面是其本身对技术存在一定的恐惧心理；另一方面则是公司的工作节奏和运作流程与传统出版的确存在很大的差异，造成一定程度的不适应。在前去天闻数媒访谈之前，笔者关注了该公司一些员工开设的微信公共账号，他们有的每天都分享并点评数字教育方面的前沿文章，在访谈中，他们提到，尽管有时下班回家已经很晚，但还是会督促自己花一两个小时的时间看一些文章，坚持维护公共账号。在他们看来，无论你是来自传统出版行业，还是其他行业，面对数字教育出版这个新兴领域，没有所谓的专家，大家都在摸索，大家都需要不断去学习。在传统出版数字化转型中，我们听到最多的一句话是"盈利模式不清晰"，回过头想，如果我们困守于原有的思维方式，盈利模式将永远无法清晰。正是由于有不同背景的优秀人才的集聚，不局限于传统出版的商业逻辑，同时进行持续的专业学习，企业最终才能用创新的思维满足用户的变化需求。

除了内容与人才资源，传统出版企业的政府资源与品牌资源同样对其开展新媒体业务起到重要作用。在短短的几年时间里，天闻数媒获得了新媒体领域多项重要国家资质，其中包括国家新闻出版总署电子书内容标准项目组副组长单位、教育部与工信部电子书包教育应用标准项目成员单位、作为数字出版复合工程成员单位承担国家数字出版复合工程业务应用标准制定，等等。而要在多个省市中小学开展试点和产品销售，如果没有过往与地方政府、教育局的良好关系，几乎是不可能实现的。"当我们谈业务的时候，如果拿天闻的牌子不管用，我们可以搬出中南或者华为来用。"一位员工提到。在政策仍发挥重要作用的新兴产业中，借助传统出版企业所具有的政府资源与品牌资源，也是天闻数媒所具备的关键优势之一。

8.3.3.5 政府支持

对数字教育出版业务的风险管理还体现在企业对政策趋势的判断上。由于中小学教育信息化是一项涉及国民价值观养成、知识素养提升的基础性工程，牵一发而动全身，国家政策虽然认同和鼓励信息化的发展方向，但在具体项目引导方面会非常谨慎，国家新闻出版总署等政府部门的领导来天闻数媒视察的时候就多次提到这个问题，这也是为什么到目前为止电子书包仍处在试点过程中的原因之一。因此，对企业来说，如果不能准确地把握国家政府对这一领域的基本态度，采取过于激进的方式，那很有可能最终陷入进退失据的状态。与国家政府的关注点不同，地方政府则更多结合当地财政状况来考虑对本地区教育信息化的推进方式和程度。天闻数媒对此同样有较为清醒的认识，对许多地方政府而言，教育信息化与电子书包在近期仍然是一种锦上添花的项目，如果政府财政状况较好的时候，这可能成为其政绩的一抹亮色，而一旦财政紧张，最先砍掉的往往是这一块。对于天闻数媒未来的发展，一方面需要继续保持与国家和地方政府的良好合作关系，争取更大的政策与资金支持；另一方面，也必须做好企业的风险管控，避免盲目做出较大投资，保障相对充沛的现金流。

8.4 小结

通过典型案例分析，本研究进一步深化了对出版企业新媒体技术采纳的认识和理解，回答了案例研究设计中所提出的研究问题。其中重点分析了管理者支持、企业核心能力、用户需求、资源优势、政府支持等因素对企业创新的影响，并对具体的作用机制进行了深入的分析。该案例研究既是对部分定量研究结果的验证，同时也是对定量研究客观上所存在的深度不足问题的有益补充，保证了本研究在深度和广度上的平衡。

天闻数媒在数字教育出版领域的实践带给我们的主要启示是，

对于出版企业的创新来说，必须为其营造一个相对公平的竞争环境，使企业将更多的精力专注于用户服务。同时，企业需要考虑引入其他行业先进的管理理念和方法，然后在此基础上充分利用传统出版已有的内容和品牌资源，形成企业的竞争优势。

具体而言，从外部因素来讲，其一，用户需求是第一位的，数字教育领域并没有绝对的核心技术，只有更精准地理解用户需求，将用户服务做到极致，才有更高的胜出几率。其二，需要正确评判政府对该领域的支持态度，努力获取最大的政策与资金支持，但同时也不能单方面依赖政府。其三，积极开拓具有互补性的战略合作，通过引入其他行业领先的企业作为战略投资者，能够有效地改进企业的内部管理；而通过与高校、科研机构的合作研究，能够形成优势力量互补，减轻企业用户调研等方面的成本负担。

从内部因素来看，管理者的支持绝不能仅仅是停留在口号层面，而是需要落地的支持，从公司内部政策和资金上给予必要的保障，如果管理层没有树立颠覆性创新的思想准备，对资源采取固守的态度，许多事情是无法实现的。组织软环境是创新的重要基础，这里包括企业员工背景多元化、组织学习能力，以及员工之间的相互沟通与合作，它们是企业无形的智力资产。企业核心能力方面，对于一个新兴的产业而言尤为重要，除了传统出版中值得保留的重要经验，更需要强调在创新环境下的战略管理和执行能力，没有有效的执行，一切都无从谈起。关于资源方面，传统意义上的内容资源尽管重要，但它的作用不再是产品本身，而是一种基础原材料，需要企业根据用户需求进行深加工处理，与之相对应的企业的品牌、政府资源却在很大程度上会为出版转型带来实际的意义，需要充分利用。整体来看，不同因素之间相互作用，共同影响企业与新媒体技术相互融合的整个过程。

对于天闻数媒的未来，我们并不能做出不切实际的乐观估计，它会和其他行业的新创公司一样面临政策调整、用户需求变化、市场竞争等多种因素的考验，同样也有可能遇到更大的危机。正如天闻数媒董事长彭兆平所说："不转型必死，转型也未必不死，但起码有了活下去的可能性。"① 令我们感到庆幸的是，对于出版企业新媒体创新来说，天闻数媒走在正确的路上，它所面临的最大风险来自真实的市场竞争，以及自身为适应市场和用户需求变化而持续进行的调整和执行的能力。

① 崔立 . 天闻数媒，打开转型一扇窗 [J]. 出版人，2013（10）：40-42.

第9章 讨论与建议

前述两章分别通过定量统计和案例分析等研究方法，对我国出版企业新媒体技术采纳的相关问题进行了全面的分析。本章主要对上述研究结果展开详细的讨论，深入分析出版企业新媒体创新发展困境的成因及影响，并在此基础上提出相应的策略建议。

9.1 采纳基本状况讨论

根据问卷调查发现，我国出版企业采纳新媒体技术绩效状况仍不甚理想，超过50%的出版企业上一年度新媒体业务收入低于100万，超过80%的出版企业新媒体业务收入占总营业收入的比重低于5%，与任殿顺2010年末进行的调查结果①较为接近。从我国正式启用数字出版的概念算起，数字出版产业经过了近十年的发展，尽管该产业在我国已从幼稚期步入成长期，② 但传统出版企业采纳新媒体技术的整体水平仍然较低，新媒体创新尚处在探索阶段。当然，调查结果也反映了出版企业对新媒体技术采纳的积极效应保持的谨慎乐观态度，根据采纳绩效的主观指标测量结果，超过六成的企业认为，新媒体技术采纳提升了公司形象，接近六成的企业认为，采纳新媒体技术吸引到了新的用户、创建了新的盈利模式。

根据新媒体业务部门情况来看，出版企业针对新媒体业务的人

---

① 任殿顺．出版业数字化转型研究——基于双边市场理论［D］．北京：中国人民大学，2011.

② 李苑．《2011—2012中国数字出版产业年度报告》发布［EB/OL］．［2013-12-08］．http：//politics.gmw.cn/2012-07/20/content_4593951.htm.

员和组织投入程度较为有限，超过 40% 的出版企业以企业内部业务部门的形式开展相关业务，90% 的出版企业新媒体部门/公司的员工数量在 50 人以下。2010 年前后，国内出版企业开始陆续成立新媒体部，不少企业将新媒体创新发展纳入到战略层面，有的甚至写入企业的战略规划中。① 相对而言，出版集团较多采取设立子公司的方式开展新媒体业务，一方面因为相比于其他类型的出版企业，出版集团资金、技术条件相对较好，具备独立开展新媒体业务的实力；另一方面则与出版集团响应政策号召，从而更好地争取国家项目支持有关。然而，考虑到大多数出版企业的新媒体业务仍处于摸索阶段，对于实际投入，大部分出版企业仍相当谨慎，短期内难以对新媒体部门进行大规模扩张和投入。关于具体的资金投入情况，本书还将在本章采纳实施与管理部分进一步展开讨论。

9.2 采纳绩效差异讨论

通过方差分析发现，不同自身条件的出版企业在采纳绩效上存在一定的差异，其中主要体现在出版企业组织类型与规模方面，而出版领域对采纳绩效并没有显著影响。从国内外的相关研究来看，不同领域的出版企业在数字化转型方面存在较大差异，一般来说，学术/专业出版与教育出版的数字化转型水平与速度较为领先，大众出版相对落后，但本研究的调查结果却没有支持这一结论。对此，笔者认为主要原因在于，目前我国出版企业整体定位方向不甚明确，正如有学者提出的"大众出版泛化"② 现象，在我国出版市场仍普遍存在，一方面受制于传统出版条块分割所带来的连锁反应，另一方面企业自身对细分市场的用户需求和规律研究不足，因此造成出版企业在数字化转型中目标过于泛化，专注度不够，这使

---

① 字澜. 出版社新媒体部在做什么？ ［EB/OL］. ［2013-12-08］. http://www.sinobook.com.cn/press/newsdetail.cfm? iCntno=10590.
② 程三国. 理解现代出版业（下）——兼析"日本出版大崩坏"［N］. 中国图书商报，2002-10-11（31）.

得基于出版领域的绩效差异无从谈起。除此之外，我国出版企业的产业布局、产品结构和资源配置等方面与国外都存在较大差异，对于像科技出版这样依赖大规模优质期刊资源开展数字化运营的出版领域来说，其发展受到客观条件的束缚，使得不同出版领域本应存在的绩效差异客观上被缩小。

组织类型方面，通过必要的归类，结果显示，不同组织类型的出版企业在新媒体技术采纳绩效方面存在显著差异（$p<0.1$）。组织类型是结合我国传统出版体制而采取的分类方式，现阶段出版业发展仍带有传统出版管理方式和资源配置所遗留下来的明显痕迹，它在出版企业新媒体创新发展中体现为一种深层次的影响。从绩效表现来看，中央出版社绩效表现最高，其次是出版集团，而以高校出版社、地方出版社为主的其他出版企业表现最低。国家新闻出版广电总局公布的《2012年新闻出版产业分析报告》显示，在"图书出版单位总体经济规模综合评价"里排名前10位的出版单位中有6家来自中央出版社，① 高于地方出版社与高校出版社，在资金规模上占据明显优势。而相比于地方出版集团，中央出版社一般依托行业部委或国有企业，除了在出版资源上具有较强的专业优势，还享有一定的政策优势和发行渠道优势，因此具有较好的绩效表现。出版集团方面，尽管通过上市融资等方式，在资金上具有明显优势，但由于下属出版社的内容资源相对分散，整合难度较大，短期内无法转化为资源优势，这也影响了新媒体技术采纳的绩效表现。

除此之外，不同企业规模的出版企业在新媒体技术采纳绩效方面也存在显著差异（$p<0.05$）。尽管不同学者对于企业规模在技术创新中所起的作用一直存在争议，但考虑到出版企业新媒体创新仍处在初级阶段，且并非以颠覆性创新为主导模式，许多中小出版企业面临着资金、人力等方面的较高门槛，因此大型出版企业可利用这方面的优势地位取得更好的新媒体业务收益。

① 2012年新闻出版产业分析报告［EB/OL］.［2013-12-08］. http：// www.gapp.gov.cn/govpublic/80/671.shtml.

9.3 采纳过程讨论

关于新媒体技术采纳过程，本书主要根据企业问卷调查结果，同时结合访谈中获得的相关定性数据，针对创新采纳过程链上的主要阶段——采纳动机、采纳决策、采纳实施与管理展开详细讨论。

9.3.1 采纳动机讨论

在新媒体技术采纳动机方面，大部分出版企业将"开拓新的产品市场"作为首要动机，其次是"弥补传统业务下滑"，将"获取数字创新经验"与"政策驱动"作为首要动机的出版企业相对较少。随着近十年来出版体制改革的不断深入，我国出版企业的市场化意识在不断增强，借助创新形成差异化竞争优势的确已深入到一部分出版企业从业人员的理念中。"也许用不了多少年，数字出版就将成为出版业最大的一个板块"，① 体现了大部分出版企业对前景的认识。当然，作为处于转型阶段的出版企业来说，"弥补传统业务下滑"同样具有现实意义。正如知识产权出版社社长白光清所言，"电子书销售能否弥补纸质书的销售是我们必须要考虑的"。② 事实上，出版企业在此过程中更多是处于左右踟蹰的境地，一方面意识到新媒体业务将是未来发展的重点，必须引起战略层面的重视；另一方面，能否实现更平缓的过渡，尽可能弥补传统业务的下滑，至少不会对传统业务产生直接的冲击，是大多数出版企业必须慎重考虑的方面。方差分析显示，不同动机的出版企业在采纳新媒体技术的绩效方面不存在显著差异。在访谈中，有出版企业的中层管理者提到，"早在2006年，当传统出版还处在'吃饱穿暖'的时候，公司管理层就意识到要积极开拓新媒体市场。2010年公

① 新闻出版总署科技与数字出版司. 实践·探索·启迪——数字出版案例选编 [M]. 北京：中国书籍出版社，2011：23.

② 新闻出版总署科技与数字出版司. 实践·探索·启迪——数字出版案例选编 [M]. 北京：中国书籍出版社，2011：16.

司成立项目组，正式推进项目，然而三年过去了，产品还是没有做成"。这也可以解释为何不同动机的出版企业在绩效表现上并不存在显著差异，毕竟主观上的积极动机真正要转化为实实在在的绩效，仍然需要获得实际执行层面的有效支持，而现实中，不少出版企业的新媒体业务往往会遇到不同部门之间沟通合作、执行效率等重重阻力，而这恰恰是出版企业面临的重要难题。

9.3.2 采纳决策讨论

关于创新采纳决策，本书将创新采纳与拒绝采纳视作采纳决策的两种表现，尤其强调了拒绝采纳的决策行为。本研究的调查结果显示，阻碍企业采纳新媒体技术的主要原因是创新风险过高、创新人才缺乏以及创新资金不足。根据出版产品的经济特性分析，高风险性是图书生产活动的重要特征，相应的企业管理活动的重心也主要体现在风险管理上。首先，面对新技术所带来的巨大的不确定性，出版企业的普遍心理预期是如何防备技术对传统业务造成的冲击，尤其是在数字版权保护不完善的情况下，被盗版的风险与维权成本之间存在明显的不平衡，这使得企业容易在一定程度上扩大风险的预估，造成不采纳行为的出现。其次，根据信息产品的生产特性，新媒体业务往往需要企业先期投入较高的固定成本，与其他行业相比，出版企业的资本积累存在明显不足，这使得出版企业不愿承受过高的创新风险。除了创新风险因素，人才缺乏也是阻碍出版企业采纳新技术的重要原因，考虑到新媒体产业所需的人才结构与传统出版产业存在较大差异，对于尝试转型的出版企业来说，面临内部员工知识结构升级与复合型人才引入的巨大挑战，往往也成为其拒绝采纳新技术的原因之一。

当然，调查结果也反映，创新采纳类与拒绝采纳类出版企业面临问题的差异性，其中资金不足是拒绝采纳类出版企业所面临的关键瓶颈，但对创新采纳类出版企业来说，资金不足则表现为相对次要的问题。该结果表明，资金实力是影响出版企业创新采纳决策的重要方面，尤其对中小企业而言，但它并不能解决创新过程中的所有问题，企业一旦采纳新媒体技术之后，更多需要考虑如何摆脱创新能力的束缚，而非资金本身。

　　从采纳的新媒体技术类型来看，出版企业选择类型较多，其中电子书、移动阅读应用是最主要的技术类型。电子书作为数字出版的主流产品形态，出版企业对其接受度一直较高，主要原因有以下几个方面：首先无论是阅读形式还是计量标准，电子书都带有鲜明的纸书痕迹，这有助于出版企业延续传统的运作机制与商业模式。其次，相比于其他产品类型，电子书领域已形成了几种相对成熟的销售渠道，其中包括面向数字图书馆等机构进行销售、授权移动运营商开展销售等，2011 年，随着国内几家主要的网络书店纷纷开启电子书业务，面向大众市场的电子书销售也开始成形。除此之外，政策层面的支持也是激励出版企业采纳电子书的重要原因，2010 年，新闻出版总署专门出台《关于发展电子书产业的意见》，为该产业发展制定了相应的战略任务与标准规范，尤其是设立电子书行业准入标准，在一定程度上为传统出版企业提供了政策保障。尽管如此，出版企业真正从中获得的收益仍非常有限，据《出版人》统计显示，2012 年移动阅读基地总共给出版社和图书公司带来的收益不到 1 亿元。[①] 而网络书店为吸引用户提升流量，开启电子书价格战，甚至不惜推出电子书免费下载等活动，使得出版企业盈利严重受损。近几年，伴随着移动互联网的兴起，移动阅读应用受到出版企业的普遍关注，外语教学与研究出版社、中华书局、中信出版社等传统出版企业先后尝试推出阅读 APP，中国新闻出版研究院也曾举办 APP 与移动终端应用开发的培训。但从目前情况来看，由于优质的移动阅读产品开发成本较高，同时在移动互联网环境下，产品的传统定价机制往往难以实施，且面临产品可发现性等新的风险，因此，目前大多数出版企业推出的阅读 APP 产品主要作为纸质图书的营销投入。除了上述两种重要的产品形态，电子阅读器、网络教育服务、按需印刷、商用数据库、电子书包等技术类型也被部分出版企业所采纳。值得注意的是，不少出版企业会采

---

　　① 数字出版中国方阵 [EB/OL]．[2013-12-08]．http：//www.dajianet.com/digital/2013/0911/202174.shtml.

168

纳多种差异明显的技术类型，比如有的学术出版企业除了采纳商用数据库，还尝试推出移动阅读 APP 和自助出版服务等，这也从侧面反映出我国出版企业的新媒体创新仍处在探索阶段，并没有形成很明确的发展方向。

在新媒体技术采纳方式上，更多出版企业选择"技术外包"为首要方式，其次是"自主研发"，涉及战略合作的"技术联盟"与"企业并购"尚未受到大部分企业的重视。对于国内大部分中小出版企业来说，受到资金、人才和技术能力的制约，更多依赖技术外包来开展新媒体业务，包括将电子书格式转档、语义标注、APP 开发等工作交由技术服务商或下游零售商，这在短期内节省了开发投入，但由于无法掌握数字内容生产环节的关键技术，同时又缺乏对下游销售数据的控制，从长远来看，失去了在新媒体创新领域的竞争能力。当然，国内还有一些领先的出版企业开始结合自身业务需求进行新媒体产品的自主研发，如外研社自主研发的点读笔产品就成为英语学习领域的拳头产品，为出版社带来了良好的收益。相对而言，战略合作更多是基于企业之间的优势互补，在新媒体领域，由于缺乏相对优势，一般的出版企业较难赢得战略合作者的青睐，这也使得以技术联盟和企业并购的方式开展新媒体创新的出版企业数量较少。

9.3.3 采纳实施与管理讨论

关于新媒体技术采纳的实施与管理，本书通过定量和定性的分析方法对出版企业新媒体创新投入、采纳新技术的组织学习效应与管理创新等问题进行了较为全面的分析，以下主要结合上述研究结果展开讨论。

9.3.3.1 新媒体创新投入讨论

根据本研究统计结果显示，我国大部分出版企业在新媒体业务上的年度资金投入集中在 10 万~500 万，投入在 3000 万以上的出版企业比例不到 10%，这与国外出版巨头显然是无法相提并论的。虽然无法直接计算我国出版企业对新媒体业务的投入比重，但如果就以中等规模出版企业年销售收入来衡量，出版企业对新媒体业务的资金投入比重也是极低的。从新媒体部门的员工数量来看，超过66%的出版企业新媒体部门员工数量小于 20 人，这从侧面说明出版企业尚未将新媒体创新纳入企业的核心战略中。作为知识与资本密集型产业，国外大型出版商在新媒体业务发展上的成功与其前期巨额投入是分不开的，欧美学术出版企业大多在 1990 年代启动数字出版平台建设，期间投入巨大资金和人力，如爱思唯尔在 1996 年建立的科技出版平台 ScienceDirect，当时投资达到 5 亿英镑。① 当然，出版企业之所以对新兴业务投入不足，一方面是由于出版企业受到资本、人力和技术积累不足等现实客观因素的制约，而相应的外部资本又无法自由地进入该领域；另一方面则更多反映出市场环境不甚理想和企业接受市场挑战的风险意识不足。

与此相对应的是，政府对出版企业新媒体业务的资金支持较为普遍。正如《2012—2013 中国数字出版产业年度报告》中所提到的："在数字出版产业发展壮大的过程中，政府主管部门一直都是引导者和推动者。"而在相关的新闻报道中，类似"扶持企业打造数字出版龙头"② 的字眼更是屡见不鲜。尽管政府一直试图将出版企业打造成为数字出版产业的竞争主体，但从现实情况来看，由于大部分出版企业开展新媒体创新乏力，而民营资本进入该领域存在较大的政策壁垒，因此出版企业创新发展仍然在一定程度上依赖政府的持续投入，政府不仅需要为搭建创新环境进行大量的基础工程投资，还需要负担部分出版企业新媒体创新上的投入。

9.3.3.2 组织学习效应讨论

本书针对出版企业的组织学习效应进行探索性分析，结果发现

---

① 刘建生：数字出版需要大整合和大投入 [EB/OL]．[2013-12-04]．http：//finance.sina.com.cn/hy/20110108/20409223269.shtml.

② 省政府出台加快数字出版产业发展新政，扶持企业打造数字出版龙头 [EB/OL]．[2013-12-04]．http：//ah.anhuinews.com/system/2012/07/13/005079725.shtml.

企业信息化水平（Beta = 0.151，$p<0.05$）、企业资金投入（Beta = 0.147，$p<0.1$）在不同显著性水平上对新媒体技术采纳绩效存在显著影响。由此可以证明，组织学习效应在出版企业创新过程中同样存在，也即信息化水平较高的出版企业更容易采纳新媒体技术，这主要得益于企业在应用信息化技术中提升了对技术的吸收能力，而对这一学习过程投资较多的企业，也往往具有更强的吸收能力。值得注意的是，相较于以往对企业吸收不同信息技术过程中的组织学习效应的考察，本研究将其扩展到两类不同的技术，即企业内部的信息管理技术与新媒体技术之间的关系，丰富了组织学习效应的应用范围。事实上，这种效应在出版传媒领域并不鲜见，回顾出版与技术相互作用的历史进程，大体上经历了出版数字化与数字化出版两个主要阶段，一般研究更多关注两者之间的区别，而忽视了其间的内在联系，事实上，信息化建设对新媒体创新具有重要的基础性意义，尤其对一些领先的专业出版企业来说。正如汕头大学出版社社长胡开祥所说："知识形态的内容资源在互联网传播之前，必须事先以计算机和信息化的方式进行结构，才能彰显知识形态内容资源的优势。"① 人民军医出版社在谈到数字化创新经验时也提到，"碎片化是数字出版的基本元素，条目化标记是数字化加工的基本方法，多媒体交互是数字化出版的基本标志"。② 相应信息化基础设施的成熟，为出版企业由内容提供商向内容服务商转型提供了必要的技术和思想准备。

然而，颇令人感到费解的是，根据对技术采纳影响因素的调查结果分析发现，在诸多内部影响因素中，信息化水平的权重是最低的，这似乎与组织学习效应的结论存在矛盾。深入分析，笔者认为这主要是由于两种统计方法反映的问题存在一定的差异，对组织学习效应的考察主要是建立在不同变量之间的线性相关基础上，也即

① 新闻出版总署科技与数字出版司．实践·探索·启迪——数字出版案例选编［M］．北京：中国书籍出版社，2011：30.

② 新闻出版总署科技与数字出版司．实践·探索·启迪——数字出版案例选编［M］．北京：中国书籍出版社，2011：4.

反映的是我国出版企业内部之间的差异情况，而影响因素权重的测量主要是基于均值统计，反映的是我国出版企业的整体状况。具体来说，从整体而言，现阶段信息化水平对我国出版企业新媒体创新作用仍非常有限，尤其是在大部分中小出版企业更多选择技术外包来开展新媒体业务的情况下。但是在不同发展水平的出版企业之间，信息化对其新媒体创新的作用却已呈现出明显的差异。笔者在针对长江少儿出版集团的访谈中，同样发现了这一问题，该集团战略管理部门负责人提到，由于长江少儿出版集团已逐渐由少儿出版深入到少儿相关市场的开拓，旗下新媒体产品种类日益丰富，原有的信息系统已无法承载，对公司信息化基础设施，尤其是 ERP 系统的升级，存在迫切需求。与之相反，同在长江出版传媒集团下属的其他出版企业则尚没有这样的明确需求。这也就解释了两个看似矛盾的调查结果。

　　本研究将企业资金投入与政府资金支持共同作为对新媒体创新学习的投资，但研究发现，仅有企业资金投入在 $p < 0.1$ 的显著性水平上与新媒体技术采纳绩效之间存在显著相关，政府资金支持与后者并不存在显著相关，这似乎与政府资金支持在影响因素中权重值相对较高的结果不相吻合。事实上，对出版企业而言，政府支持，尤其是资金支持的重要性不言而喻，很大程度上能够补贴企业创新探索的正外部性，但这并不意味着政府资金支持具有较高的有效性。正如有出版业者提到："如果没有国家的扶持，我们是起不来的，但是有了国家的支持，我们能不能起来?"[1] 如果补贴不到位，甚至有可能产生负向激励，使企业不是将更多的精力投入到结合市场需求的创新探索，而是将精力花在竞标政府项目上。从结果来看，获得政府资金支持更多的出版企业并没有实现更为理想的绩效表现，而相对来说，企业自身投入对新媒体技术采纳的绩效表现具有一定的影响。这也从一个侧面说明，企业是创新发展的主体，基于自身发展需求和战略目标的资金投入具有相对较高的有效性，

---

　　[1]　第二分组讨论实录——中国数字出版信息网［EB/OL］．［2013-10-04］．http：//www.cdpi.cn/diyijieshuzichubanzhurenbuzhurenjiaoliuhui/1748.html.

而政府的资金支持必须在合理的范围内发挥作用，也即建立在对企业创新有效激励的范围内。

当然，企业开展组织学习的目的是创建学习型组织，而人的学习是企业学习的重要前提。从目前出版企业新媒体部门人员的情况来看，来自传统出版部门的人员占据了主流，人员的学科背景也过多集中于出版传媒与计算机领域。对于面向产业融合的创新领域，绝不可能依赖单一固化的知识体系，而需要在多元知识背景的碰撞下激发出创新的火花。正如在天闻数媒案例研究中所发现的，由于企业内部员工知识结构具备多元化特征，在一定程度上为企业开拓创新奠定了重要的基础。因此，对更多进入到数字化领域的出版企业来说，亟须提升企业内部的组织学习环境。

9.3.3.3　新媒体管理创新讨论

相关研究证明，管理创新与组织创新绩效之间具有显著的相关性。[1][2] 本研究结果显示，出版企业管理创新绩效与新媒体技术采纳绩效之间存在显著相关（$p<0.01$）。同时，在本书案例研究中，天闻数媒通过引入华为先进的管理方式，提升了企业的管理水平与运行效率，对其新媒体创新带来显著影响。管理创新不仅包含组织结构的创新，还包括绩效管理、项目决策等方面的创新，相对来说，目前我国大部分出版企业新媒体管理创新主要体现在组织结构方面，对管理运行机制的创新仍有待提升。在第一届数字出版部门主任工作交流会中，有出版业者提到，现阶段数字出版项目决策、评价机制是数媒公司遇到的难题，出版企业风险投资的思维和机制非常缺乏。[3] 以上研究结果和事例表明，管理创新与新媒体创新存在一定的相互作用关系。

---

[1]　Leonard D A, Deschamps I. Managerial influence in the implementation of new technology [J]. Management Science, 1988, 34 (10)：1252-1265.

[2]　黄培伦，尚航标，招丽珠. 组织创新、组织能力和组织绩效的关系研究 [J]. 管理学报，2008，5 (2)：250-257.

[3]　出版集团数字传媒公司发展圆桌会议 (2) ——中国数字出版信息网 [EB/OL]. [2013-10-04]. http://www.cdpi.cn/yuanzhuohuiyi/1913_2.html.

　　当然，今天出版企业在管理机制上所面临的技术挑战与以往相比存在一定区别。按照克里斯坦森教授的颠覆性创新与维持性创新理论，出版企业今天所面临的新媒体技术的冲击更多体现为一种颠覆性技术（当然，颠覆是一个相对的概念，并非所有的新媒体技术对所有出版企业都意味着是颠覆性技术）。克里斯坦森认为，针对与传统管理活动中维持性技术截然不同的颠覆性技术，企业需要采取不同的管理方式，为此，他提出有关企业能力的"资源-程序-价值观"的 RPV 框架三要素。其中资源是三要素中最显见的要素，通常可以被计量和评估，包括人员、设备、技术、产品设计、现金等；程序则是指员工将资源转移到更高价值的产品或服务中所进行的互动、协调、交流和决策的模式；价值观又是员工在实际运作过程中据以作出优先选择的标准。在这三类要素中，资源与程序定义了一家企业能够做什么，而价值观常常代表了限制，即企业不能做什么。RPV 框架很好地解释了为什么在维持性创新领域取得良好业绩的企业却在颠覆性创新领域屡遭失败。由于颠覆性技术出现时往往并不引人注意，企业不会为此建立起成熟的程序，同时这种新技术往往与企业传统的价值观存在冲突。当企业开始着力应对颠覆性技术的时候，尽管可以投入相应的资源，但传统业务运行的程序和价值观又成为颠覆性创新取得成功的不利条件。为此，企业需要根据新业务与组织现有程序的匹配程度来选择合适的组织结构，并创建新的程序和价值观。

　　借鉴克里斯坦森的理论来关注出版企业的新媒体管理创新，尽管目前国内有不少出版企业通过设立全资或控股子公司的方式进行新媒体的创新活动，但并未显示出明显的创新优势，从管理创新绩效与新媒体技术采纳绩效的相关性来看，两者仅表现为低度相关，也即企业管理创新与新媒体技术采纳之间的相互关系并不紧密，这似乎与颠覆性创新理论的判断不相符合。通过调查和走访一些出版企业，笔者发现，不少出版企业成立的新媒体/数字出版公司尽管名义上是一种独立机构的探索尝试，但实质上是一种无奈之举，不少管理者并没有寻找到合适的颠覆性业务和人选，其采用的方法多半是"依附在原有业务之上"。即便有合适的新业务，管理者所采取的做法也往往是将维持性业务和颠覆性业务混同到一家新创公司，寄希望于数媒公司在开拓新产品市场的同时，为出版集团的转型提供必要的支持。海峡出版发行集团数字出版中心副主任庄鸿提到，"公司化的运作要以利润最大化为目标，出版社转型其实是一个任务，这两者之间存在着一个巨大的矛盾"。① 与此同时，集团并没有在资源配置、员工绩效考评等权限上给予数媒公司足够的支持。这样的做法使得创新陷入到一种困境，数媒公司既无法为传统出版转型带来现实帮助，同时又因为开拓新业务而需要集团给予持续补贴。

9.4 采纳绩效影响因素讨论

关于新媒体技术采纳绩效的影响因素，本书主要根据企业问卷调查、专家层次分析与案例研究的数据结果，针对其中的关键影响因素展开详细的讨论。

9.4.1 影响因素整体情况讨论

根据企业问卷调查与专家层次分析结果，在影响出版企业新媒体技术采纳绩效的内外部因素中，内部影响因素的重要性明显高于外部因素。从内因与外因的辩证关系来看，内因是事物发展变化的内部根据，而外因则是事物发展变化的外部条件，外因通过内因起作用。随着出版体制改革的深入，我国经营性新闻出版单位转企改制第一阶段的任务基本完成，新型市场主体地位初步确立。从未来可持续发展的角度，出版企业的内部因素必须成为其创新发展的根本动力。当然，这并不能否认外部因素在出版企业新媒体创新中的重要性，对于尚处在转型过程中的出版企业来说，仍将受到来自外部环境的明显制约和影响。

值得注意的是，在层次分析结果中发现，新媒体创新策略的重

---

① 出版集团数字传媒公司发展圆桌会议（2）——中国数字出版信息网［EB/OL］．［2013-10-04］．http：//www.cdpi.cn/yuanzhuohuiyi/1913_5.html.

要性仅次于内部影响因素。本书中新媒体创新策略作为一种以新媒体创新为导向的竞争策略，是企业综合应用内外部条件的创新思维和能力的体现。相比于传统工业经济时代，在信息时代，企业所面临的环境更为复杂，这要求企业既能够突破传统思维中的局限，同时又能够审时度势制定合理的创新方案，如果仅仅囿于传统业务范围的牢笼，考虑如何弥补传统业务下滑，是无法形成具有颠覆性的创新举措。从这个意义上讲，出版企业更加重视新媒体创新策略的作用和意义也在情理之中。

9.4.2　外部影响因素讨论

在外部影响因素方面，综合两类调查结果，需求状况属于最为重要的影响因素；政府支持与竞争压力相对于需求状况，影响程度稍弱，属于次重要的因素；战略合作的排序始终居于末尾，属于相对次要的因素；而对版权保护这点则存在较大差异，企业问卷调查中的排序明显高于专家层次分析中的排序。本书将结合相关数据结果，对外部影响因素的作用机制展开详细讨论。

9.4.2.1　需求状况与版权保护

需求状况与版权保护同属于出版企业新媒体创新的外部支撑环境。针对出版企业的问卷调查结果显示，新媒体产品需求状况与版权保护的重要性位居前两位，均值分别为 4.38 和 4.36。相比于传统工业企业，需求导向是传媒企业的重要特性之一。对于不依赖订阅的高价格弹性产品的企业来说，用户偏好的改变往往带来较大的不确定性，而一般研究认为，市场需求的不确定性能激发企业的创新动力。① 在媒介融合的背景下，庞大的潜在用户需求为出版企业的创新发展带来了巨大的机遇。正如浙江数媒公司副总王卉在访谈中提到，传统出版时代，我们将自己局限在图书出版企业的范围

---

① Albarran A B, Chan-Olmsted S M, Wirth M O. Handbook of Media Management and Economics [M]. New Jersey : Lawrence Erlbaum Associates, 2006: 267.

内，感到市场需求日益萎缩，而一旦我们将视野拓宽到数字内容产业，就会感到机会一下子拓宽了。① 随着新媒体技术的成熟，出版企业的服务对象从传统的读者扩大到信息用户，用户的需求从单纯的文本信息拓展到图文音像视频交融的产品形态，用户不仅有通过图书获取知识的需求，还有借助各种媒体终端获取信息服务的需求，这大大开拓了出版企业服务用户的能力边界和范围。

当然，需求的不确定性也给出版企业带来了巨大的挑战，这很大程度上是由于版权保护受到冲击使然。面对数字出版产业的迅猛发展，有调查显示，"盈利模式不确定"是传统出版企业数字化转型所面临的最大阻力，② 与此相伴生的是出版企业对于数字版权保护的担忧。从短期来看，对于尚处在数字化转型初期的出版企业来说，电子书是大多数企业选择的主要产品形态，版权保护对其的重要性不言而喻。尽管国家从各个层面加强数字版权保护的力度，包括建立互联网版权保护体系、推出"数字版权保护技术研发工程"等重大项目，然而现实状况仍不容乐观。《数字出版"十二五"发展规划》指出，数字出版的版权保护水平有待提高，侵权盗版、非法出版等违法违规现象依然存在，严重制约了数字出版业的健康发展。2010 年，国内出版界就曾集体声讨百度文库对数字侵权的放纵，但更多时候，由于维权成本过高等原因，出版企业只能被迫放弃合理的诉讼。由此不难解释，出版企业为何对需求状况和版权保护有如此高的重视。出版企业所关注的新媒体市场需求，更多是建立在版权保护体系基础上的数字出版产品需求。

但是，与针对企业的调查结果存在较大差异的是，在层次分析结果中，版权保护的影响程度明显低于市场需求状况，权重值仅为0.018。究其原因，主要是由于在层次分析的调查对象中加入了部分来自学界的专家和由出版业进入到 IT 领域的专家代表，他们与出版企业从业者具有不同的立场和视角。从更加长远的视角来看，

---

① 来自于笔者的访谈记录。
② 任殿顺. 出版业数字化转型研究——基于双边市场理论 [D]. 北京：中国人民大学，2011.

新媒体技术的采纳绝不仅仅是传统出版物的数字化呈现，而是从出版产品形态到内涵的深刻变化。在这个过程中，标准化的内容生产将被个性化的知识服务所取代，传统基于封装型载体的商业模式必然会受到强烈冲击。正如有学者指出的，传统大众出版商对 DRM 问题的讨论实际上受阻于既得利益，它终结了有建设性的讨论。① 相比于版权保护的危机，今天出版企业所面临的更大挑战是如何在海量内容生成环境下保持内容的可发现性（Discoverability）。对权利人来说，之所以愿意将版权转让或授权给出版企业使用，更多是看重后者的版权开发和可持续运营能力，而非单纯的版权保护。这也就可以解释为何不同的调查结果对版权保护的影响程度存在较大差异了。

9.4.2.2　竞争压力与战略合作

竞争与合作一直是贯穿企业经营活动始终的两个重要主题。内勒巴夫与布兰登勃格首次将"竞合"的概念引入到战略管理领域。② 所谓竞合战略泛指通过与其他企业合作来获得企业竞争优势或战略价值的战略，即竞争中求合作，合作中有竞争。相关研究表明，企业的合作竞争战略对创新能力提升和创新绩效具有显著的积极影响。③ 然而，本研究针对出版企业的问卷调查却显示，竞争压力与战略合作对出版企业新媒体技术采纳绩效的影响程度普遍较低，均值结果都小于 3.9。

笔者认为，这主要有以下几个方面的原因。竞争压力方面，尽管学者普遍认同竞争有助于出版企业创新，但这是有相应的前提条件的。首先，这种竞争必须是可持续的良性竞争，而实现这样的竞争，必须是建立在健全的市场机制前提下。目前，我国出版市场体

①　林成林. 百道研究：2012 年 TOC 数字出版大会综述［EB/OL］.［2013-12-10］. http：//www. bookdao. com/article/35249/.

②　［美］拜瑞·J. 内勒巴夫，亚当·M. 布兰登勃格. 合作竞争［M］. 王煜全，等，译. 合肥：安徽人民出版社，2000.

③　徐亮，张宗益，龙勇，等. 竞合战略与技术创新绩效的实证研究［J］. 科研管理，2009（1）：87-96.

制仍存在一定的缺陷，企业间的竞争更多是一种短期的、初级水平的竞争，长期竞争严重不足。① 在这种状况下，外部的竞争压力很难激发企业新媒体创新的动力。其次，竞争压力对企业创新的作用，从根本上说仍是一种间接性的，需要借助企业内部动力机制加以转化，这也在一定程度上削弱了竞争压力本身对出版企业采纳新媒体技术的直接影响。战略合作方面，同样受制于整个产业生态的健康状况。《2011—2012 数字出版产业年度报告》就提到，低价掠夺内容资源，缺乏合作精神，产业链分工不明确是制约数字出版技术商、运营商与传统出版社之间合作的一大症结，也是妨碍中国数字出版产业做大做强的一大症结。对出版企业来说，尽管意识到战略合作对实现资源互补、转型升级的重要作用，但现实中，无论是和移动运营商还是网络零售商合作，出版企业本身从中获得的收益都十分有限，同时还会承担版权侵权、低价售卖等合作风险，对合作企业存在较大的不信任感，这在很大程度上影响了战略合作对企业新媒体创新的积极作用。电子工业出版社数字出版中心的张骏就曾提到："如果没有很好的盈利模式和资源版权保护的话，我们在合作上也是慎之又慎的。"②

值得注意的是，根据层次分析结果，在竞争压力次级因素中，行业外竞争压力的影响程度要高于行业内竞争压力，而在战略合作次级因素中，与 IT 企业合作的影响程度要高于与其他类型企业合作。由此可以看出，出版企业的竞合行为已呈现出跨行业的特性，不再局限于出版体系内部。但是，由于受到传统出版相对封闭的产业形态的束缚，出版企业新媒体创新思维并没有完全跳脱出行业局限，关注视角仍然更多停留在固有的产业链范畴，往往造成上下游之间相互挤压的局面，使得合作陷入僵局。近几年，商业生态系统（Business Ecosystem）的概念被引入到出版领域。所谓商业生态系

---

① 陈昕. 中国出版产业论稿［M］. 上海：复旦大学出版社，2006：139.

② 第一分组讨论实录——中国数字出版信息网［EB/OL］.［2013-10-04］. http：//www.cdpi.cn/diyijieshuzichubanzhurenbuzhurenjiaoliuhui/1747.html.

统，指的是以组织和个人的相互作用为基础的经济联合体，其重点
在于强调互补性的重要意义。① Moore 将商业生态系统分为核心商
业层、扩展企业层、支持维护层和宏观环境等四个方面，其运作机
理正是围绕中心企业不断丰富各层次间合作主体的互动关系。出版
企业如果将视角拓展到商业生态系统方面，将有助于打破行业之间
的合作壁垒，从供给端和需求端探索跨行业之间的互补机会，比如
通过引入异业合作伙伴来为目标用户提供理想的增值服务，最终实
现差异化的战略突围。

9.4.3　内部影响因素讨论

在内部影响因素方面，资源优势与管理者支持属于最为重要的
影响因素；组织沟通与信息化水平的影响程度相对较弱，属于次重
要的影响因素；企业核心能力在不同调查结果中存在较大差异，专
家层次分析中的排序明显高于企业问卷调查的排序。本书将结合相
关数据结果，对内部影响因素的作用机制展开详细讨论。

9.4.3.1　管理者支持

相关研究表明，高层管理者支持对出版企业技术采纳绩效具有
积极的推动作用。②③④ 本研究问卷调查的结果显示，管理者支持
的影响程度均值达到 4.71，位列首位，高于其他所有内部影响因
素。由此可见，出版企业普遍认同管理者支持在新媒体技术采纳中
的重要意义。

具体来看，管理者支持对新媒体创新的作用主要体现在以下几

---

① 斯亚奇. 竞争合作行为对创新绩效的影响机制研究 [D]. 杭州：浙
江大学，2013.

② 王一婵. 从高等教育出版社 ERP 项目看我国出版企业信息化建设
[J]. 科技与出版，2009（2）：53-56.

③ 汪曙华. 我国出版业应用 ERP 实现管理信息化的趋势及掣肘 [J].
怀化学院学报，2007，26（8）：26-28.

④ 刘灿姣，董光磊. 出版企业数字内容管理问题与对策 [J]. 出版发
行研究，2010（7）：55-57.

个方面：首先，管理者支持是企业将外部竞争压力转化为内部创新发展动力的关键环节。尽管我国大部分出版单位基本完成了转企改制，但是在管理者层面，缺乏企业家精神仍具有一定的普遍性。正如新闻出版总署王强处长所言，出版社领导对新媒体业务口头上重视和实际上重视是不一样的，有的甚至需要被动接受的过程。① 由于企业家精神的缺乏，尽管大多数出版企业都在强调数字化转型，但真正能够实现项目持续推进的企业却比较有限。因此，从创新发展根本动力的角度，出版企业迫切需要获得管理者的支持。其次，管理者支持有利于明确制度和规则，为创新发展提供良好的基础。对于国内大部分出版企业来说，由于新媒体业务基本处在探索阶段，在运作流程、资源分配、人员绩效等方面缺乏相应的规范，在这个过程中必然需要得到高层管理者的支持与协调。如中南出版传媒集团一方面采取统一的行政手段，将集团下属各个出版社的资源统一集中到集团数据库，交由天闻数媒统一运营；另一方面，集团承担格式转换等服务成本，同时与各个出版社明确分账方式，从而实现资源的合理配置。最后，管理者支持也是实现颠覆性创新的有效途径。在企业家精神中，创新精神是其中的首要因素。在层次分析调查中，笔者有意识对基于开放创新精神与基于传统行业经验的管理者支持进行比较，结果显示，专家普遍认为，创新精神相对于行业经验更为重要。相比于传统业务的技术升级，新媒体创新往往面临与传统业务冲突的状况，这要求管理者具备更强的突破性创新思维，并且结合企业实际，采取合理的应对之策。

9.4.3.2 资源优势

本研究的调查结果显示，企业资源优势对出版企业新媒体技术采纳绩效的影响程度较高，其中人才资源与内容资源影响因素的均值分别达到4.60和4.42，明显高于财力资源。除此之外，本书在

---

① 各分组代表发言实录——中国数字出版信息网 [EB/OL]. [2013-10-04]. http：//www.cdpi.cn/diyijieshuzichubanzhurenbuzhurenjiaoliuhui/1751.html.

案例研究中还发现，传统出版企业的品牌资源对其数字化创新也具有积极作用。

　　在各类资源中，人才资源受到出版企业特别的关注。一般认为，出版业是知识密集型产业，出版企业是一种典型的知识企业，有学者提出，知识创新为出版业发展提供强大的技术支持。① 随着出版企业新媒体创新的不断深入，业务的复杂性将不断提升，这就需要企业具有充分的人才储备，同时员工具有很强的再学习能力。但现实状况却与目标相去甚远，在本研究关于出版企业新媒体创新面临的主要问题的调查中，创新人才缺乏是出版企业提到的首要问题。由于新媒体创新对人才素质的要求超出了传统出版人才的范畴，对出版企业来说，实际上面临着如何从内部培养和从外部引入复合型人才的问题，而这不仅仅是将不同类型的员工放到一个部门那么简单。在访谈中，有出版企业新媒体部门负责人提到，过去认为做数字化最主要的是技术人才，但在引入大量计算机专业人才后发现，由于他们缺乏对传统出版的基本了解，很多时候双方之间的沟通成本非常高。出版企业迫切需要的复合型人才是对传统出版企业运作方式和创新发展所面临的痛点具有深刻的认识，同时，将业外思维灵活地引入到出版领域，最终全面把握新媒体产品的需求特性、运营方式、资金投入等重要问题。

　　内容资源作为传统出版企业的核心资源，同样被视为新媒体技术采纳的关键要素。当然，新媒体环境下内容资源的价值，很大程度上取决于出版企业对其的理解和开发水平。针对专业出版资源，只有依据知识形态对其进行解构、标引和结构化处理，才能实现其核心价值。汕头大学出版社就将数字化转型的重点放在信息内容处理技术的研发与自主创新、开发主题提取和语义搜索等创新技术，从字词句、篇章结构、逻辑三个层面对文献信息进行解构，这并非

---

　　① 张志强，王贵彬．知识创新——出版业发展的不竭动力［J］．编辑之友，2003（2）：28-29.

简单的"屏幕化",而是从语义层面推进信息内容传播的转型升级。① 需要指出的是,对内容资源进行语义处理和深度加工,更多是建立在明确的目标用户和上下游渠道关系基础上。对于大众出版业来说,互联网的影响还体现在对内容生产与产品运营之间界限的消解,对此,大众出版企业需要借助社会网络等新媒体传播手段,结合用户需求对内容资源进行必要的重组。

在各类资源类型中,财力资源对出版企业新媒体技术采纳的重要性相对较弱,但对中小出版企业来说,资金不足仍然是制约其发展的瓶颈之一。对国内出版企业的创新发展来说,资金往往表现为一种显性约束,由于传统出版运作的资金门槛相对较低,资本积累相对不足,因此在数字化转型初期,风险承受能力相对较弱,这也是许多出版企业面临转型障碍的关键因素。但是,从可持续发展的角度来看,资金更多只是作为出版企业创新的基础条件之一,并不能解决其创新发展的核心问题,包括创新项目选择、用户需求分析、产品运营在内的商业考量更为重要。这也是为何财力资源对出版企业创新的重要性相对较弱的原因。

除了资金、内容等有形资源,企业品牌、政府关系等无形资源在出版企业新媒体创新过程中同样具有重要作用。在本书的案例研究中,天闻数媒借助母公司中南传媒的品牌资源,为其开拓中小学数字教育业务提供了强大的支持。与基于纸质载体的内容资源相比,出版企业所拥有的传统品牌形象具有较强的可迁移性,尤其在面向机构用户的新媒体业务中,能够有效降低双方之间的信任成本,成为出版企业战略合作中的重要竞争优势。

9.4.3.3 企业核心能力

在本研究两类不同的调查结果中,企业核心能力的影响程度出现较大变化,其在专家层次分析结果的排序明显高于针对企业的问卷调查。笔者认为,这可能反映出专家与业者对不同阶段企业核心

---

① 新闻出版总署科技与数字出版司. 实践·探索·启迪——数字出版案例选编 [M]. 北京:中国书籍出版社,2011:34.

能力价值感知的差异。从短期来看，由于受到新技术的冲击，不少出版企业纷纷感受到传统的内容策划、网络营销等核心能力正在失去价值，至少在一定程度上受到削弱。但是，从长期来看，出版企业核心能力的价值并没有丧失，正如台湾出版人苏拾平所提到的"编辑力"，对于身处新媒体环境中的出版企业来说，仍是其核心的竞争优势。当然，面对全新的商业环境，传统出版企业的核心能力必然要经历一个重组和适配的过程。

在不同类别的核心能力中，内容策划被视作最重要的能力，它在新媒体环境下尤其需要进行必要的调适。传统出版时代，图书是编辑内容策划的基础环境和思维边界，无论是对内容的深加工处理，还是对竞争对手的分析，都是建立在这一前提基础上，这使得编辑更多将精力聚焦在图书产品内容本身。新媒体环境下，数字内容的呈现方式日渐丰富，用户获取信息的渠道和终端趋向多元化，出版企业所面临的竞争对手变成抢夺终端用户时间和注意力的视频、微信和微博等，这要求内容生产者与组织者必须将内容策划的思维方式从产品视角转向用户视角。如果企业无法形成这种认识，企业核心能力就无法实现迁移，甚至可能导致核心僵化，阻碍企业的创新发展。

9.5　新媒体创新发展困境讨论

根据上述研究结果的分析和讨论，本书深化了对出版企业新媒体技术采纳行为的认识和理解，尤其是对采纳过程中的关键环节与采纳绩效的关键影响因素的讨论。然而，本研究结果也反映出我国出版企业新媒体创新发展所面临的普遍困境，其中最突出表现在企业新媒体业务的整体投入和收益水平较低，企业新媒体部门/公司的人才结构与新媒体产业发展要求存在明显差距，企业的风险承受能力偏弱等。除此之外，本研究还发现，企业管理创新绩效与新媒体技术采纳绩效之间仅存在较弱的相关性，政府资金投入对采纳绩效不具有显著影响。针对上述结果，本书此前主要从微观层面对其进行讨论，并分析了其中的主要原因。然而，由于上述讨论更多是站在企业微观主体的角度，其探讨的深度和广度都不可避免地受到研究视角和立场的束缚，因此并不能获得对上述问题的圆满回答。

针对企业创新行为的研究，一般除了从微观视角展开，还可以从宏观产业环境与微观企业行为之间的互动关系切入。前者主要照顾到研究对象的个性化，后者则更多体现企业的共性问题。正如有学者所提出的："从微观企业行为出发，研究企业行为和企业产出的关系，不足之处在于忽略了对微观企业行为有重大影响的宏观经济政策环境，不利于我们认识微观企业行为的成因，不利于更好地预测企业未来的行为以及产出。"① 针对我国出版企业所表现出的普遍创新困境，同样需要寻求来自宏观层面的合理解释。由于包括组织创新采纳在内的大多数管理学理论根植于新古典经济学理论，而该理论发展于发达的市场经济国家，其探讨相关问题的一般假设前提是开放、竞争的市场经济，这与我国出版业的现实并不完全吻合。此外，区别于一般信息技术采纳，新媒体技术采纳是在产业融合的背景下发生的，并不是局限于企业内部的创新行为，其本身受到宏观环境的影响更为明显。因此，为了弥补之前主要从企业微观层面展开分析的不足，同时把握我国出版企业创新行为的特殊性，本节将引入宏观层面的分析视角，系统地解释本研究所发现的出版企业创新发展困境，从而为提出针对性的策略建议提供明确的逻辑方向。

9.5.1 对创新困境的不同解释

关于我国出版企业新媒体创新发展所面临的困境，尽管缺少专门针对这一问题进行系统探讨的文献，但许多文献都曾部分涉及该问题，从中可以挖掘到不同学者对该问题的解释。其中有的解释超出了一般意义上的管理学范畴，将其归结为文化冲突。持这类观点的学者认为，作为典型的文化产业，文化冲突是阻碍传统出版向数字化转型最重要的原因，并将转型视作是文化创新"创痛"和文

---

① 姜国华，饶品贵. 宏观经济政策与微观企业行为——拓展会计与财务研究新领域［J］. 会计研究，2011（3）：9-18.

化整合"整治"的过程。① 诚然,在产业转型的特定时期,思维观念的落后是阻碍企业创新发展的重要方面,然而如果将其看成是困境产生的根源,显然有夸大之嫌。因为任何一个企业的创新无不需要冲破旧思想的禁锢,建立起适应新商业模式的企业文化,所谓的文化因素更多是内生于企业创新的商业逻辑,同时在一定时期一定范围内对创新起到必要的反作用。如果文化冲突的观点真的成立的话,那么拥有百年以上历史的爱思唯尔、施普林格等欧美学术出版企业就不可能在数字化转型上取得显著的绩效表现。

第二种解释,也是获得众多学者和业界同仁认可的观点,即版权问题,尤其是数字环境下版权状况的恶化。本次调查结果同样显示,大多数出版企业将版权保护视作影响其新媒体技术采纳绩效的重要因素。应该说,这一观点之所以得到大多数人的认同,是有其现实原因的。尽管没有系统的数据证明,但诉诸一般的经验和常识,大部分学者都认为,相比于英美等出版业发达国家,我国的版权保护状况明显更为糟糕。正是因为这种现象的显见性,学者们往往会很自然地将企业创新动力不足、创新绩效不佳的原因归结于版权问题。然而,如果说将版权保护作为影响出版企业制定数字化创新决策的关键因素,还勉强说得通的话;将其看作创新成功或失败的决定性因素,则是存在质疑的。

一般在借鉴国外大众出版数字化转型的成功经验时,英美等国是研究者重点关注的对象,其中很重要的方面是这些国家已建立起以数字版权保护为基础的成熟产业链,这也因此成为许多学者在描述美国大众数字出版业繁荣景象之后留给国内出版业最重要的启示之一。然而,深入分析美国大众数字出版业的繁荣,我们需要质疑的是,亚马逊 Kindle 的成功是否就意味着大众出版业的成功?这显然涉及不同主体的问题,并非所有主体都能够在产业转型中受益,这其中充满着激烈的利益博弈,甚至有可能出现一方被另一方完全挤出产业链的风险,远不是许多研究者所想象的和谐景观。据

① 夏德元. 中国出版数字化转型中的文化冲突 [J]. 学术月刊,2010 (4):22-28.

2013 年尼尔森报告显示，英国电子书销量连续两个月下滑，在纸书下滑更剧烈的背景下，电子书的收入难以弥补纸质书带来的损失。① 而美国电子书收入在连年持续增长之后，2013 年同样出现拐点，有出版商表示，它们无法从无限的廉价电子书下载中获取收益以弥补其纸质书收入的削减。② 尽管上述数据并不能完全说明大众出版数字化转型已陷入危机，但至少能证明版权保护并非出版企业新媒体创新成功的决定性因素。因为在充分竞争的大众数字出版领域，主导产业走向的已经是亚马逊等网络零售商，传统图书定价机制面临严重冲击，即便拥有良好的版权保护，出版企业也无法从中获取维持运行所必需的收益。进一步而言，在数字化时代，出版企业对版权保护的强烈诉求，其本质还不完全体现为激发新媒体创新所必要的基础条件，而更多反映的是企业试图维系传统出版强版权保护商业模式的动机，而在国内，这种诉求还隐含了对行业垄断格局下超额利润的固守。但现实状况在于，这种诉求能否得到法理上的支持是很值得怀疑的，因为任何企业乃至产业都无法阻挡技术变革对版权法利益平衡点的调整。综合以上观点，可以认为版权保护更多是促使出版企业新媒体创新的辅助因素，而非决定因素，同样也不是创新困境的本质原因。

　　除了上述两种观点，还有一种较为普遍的解释是体制问题，并且很自然地将其视作国内出版企业创新困境的本质原因。然而，这一看似高深的结论，实际上是一种缺乏理论支撑的"复杂问题简单化"，造成了对困境产生的内在逻辑认识不清的后果。如果但凡我国出版企业存在任何问题，都用一句"体制原因"来解释，那显然是无益于对问题的厘清和解决，况且这种观点似乎也不能完全解释当前创新困境加剧的现实。

---

　　① 蒋雪瑶编译. 尼尔森报告深度洞察英电子书消费市场-百道网［EB/OL］.［2013-10-15］. http：//www.cdpi.cn/xzx/xingyexianzhuang/dianzishu/20130724/7520.html.

　　② 杰瑞米·格林菲尔德. 2014 美国电子书和数字出版十大预测［J］. 徐丽芳，译. 出版参考，2014（1）：15-16.

　　任何一种理论，一方面需要在逻辑上具有内部一致性，另一方面需要在经验检验中站得住脚。① 上述各种观点，尽管都触及了问题的某些方面，但由于没有揭示其中的本质，且相互之间存在一定的矛盾，因而无法获得对问题较为满意的解释。面对纷繁复杂的现象，理论需要建立在对现象背后若干重要特性把握的基础上。关于出版企业新媒体创新发展的困境，我国特殊的出版体制是认识的必要前提，它对企业创新发展的影响是基础性的，同时也是具有延续性的，这体现在传统出版业宏观战略目标下对企业实现资源优化配置的刚性束缚；而数字技术则是新的外部动因，它对出版产业的影响一定程度上突破了传统出版范式，体现在新的市场环境下传统企业产品和技术选择的结构性错位，这两种力量相互作用对企业创新发展的深层次影响是解释上述困境的关键。正如新闻出版总署张毅君司长在 2011 年出版集团数字传媒公司发展圆桌会议上所说："从大家（注：出版集团代表）反映的情况来看，最大的问题还是我们作为一个企业存在着诸多不适应，这种不适应给我们现在的工作造成了一定的影响。过去我们的出版一直没有作为一种产业来发展，所以我们进入市场以后，市场所需要的许许多多的条件、能力、运作我们都欠缺。"② 事实上，有不少学者从产业角度③和媒介制度变革角度④指出传媒企业所面临的发展困境，但并未将其与企业特定创新行为联系起来。

　　为此，本节将结合企业自生能力等相关理论，从宏观层面对我国出版企业新媒体创新发展中的困境，即企业"双重自生能力"缺失的成因与表现进行较为深入的分析。

---

　　① 林毅夫，蔡昉，李周 . 中国的奇迹：发展战略与经济改革 ［M］. 上海：上海三联书店，1994：105.

　　② 出版集团数字传媒公司发展圆桌会议（2）——中国数字出版信息网［EB/OL］. ［2013-10-04］. http：//www.cdpi.cn/yuanzhuohuiyi/1913_6.html.

　　③ 王润珏 . 产业融合趋势下的中国传媒产业发展研究 ［M］. 北京：中国书籍出版社，2011.

　　④ 陈鹏 . 制度与空间——中国媒介制度变革论 ［M］. 北京：中国书籍出版社，2011.

9.5.2 传统体制下的自生能力问题

关于经济发展的相关概念和理论是林毅夫教授学术思想的重要部分，其中有两个核心概念，即"自生能力"与"比较优势发展战略"。林毅夫认为，"企业具有自生能力"是新古典经济学暗含的前提假设。所谓自生能力，指的是在一个开放、竞争的市场中，只要有着正常的管理，就可以预期这个企业可以在没有政府或其他外力扶持或保护的情况下，获得市场上可以接受的正常利润率。① 而传统计划经济体系却是内生于优先发展缺乏自生能力的企业为目标的赶超战略，这使得以企业具有自生能力为前提的西方经济学在为苏联、东欧国家设计转型政策上遭遇到失败。一个企业是否具备自生能力，主要取决于这个企业所采用的产品结构与技术特性是否与相应经济的要素禀赋结构所决定的比较优势相一致。如果不一致，在一个开放、竞争的市场中，即便这个企业拥有很好的管理，也无法获得可以接受的利润水平，其存在和发展有赖于国家的保护和补贴。所谓比较优势发展战略，是针对赶超战略提出的，它是指在经济发展的每一个阶段都选择符合自己要素禀赋结构的产业结构和生产技术。当欠发达国家的政府选择遵循比较优势发展战略时，它的基本政策应该是为自由、开放和竞争的产品和要素市场的运转消除各种可能存在的障碍；与此同时，在转型过渡阶段，政府为应对市场失效提供必要的支持措施。

林毅夫所提出的自生能力相关理论，对苏联、东欧国家推行的"休克疗法"改革，以及我国国有企业改革所出现的若干问题，体现出了较强的解释力。对于研究同样由计划经济转型而来的国有出版企业的创新问题，具有一定的借鉴意义。需要指出的是，由于该理论解释的主要对象是工业领域，相应的比较优势发展战略更多从成本供给层面强调资本、技术等资源要素禀赋。作为典型的文化产

① 林毅夫. 自生能力，经济转型与新古典经济学的反思 [J]. 经济研究，2002（12）：15-24.

业来说，出版业的发展高度依赖知识、创意为代表的智力资源，这与工业发展存在明显的差异。其次，出版业的重要特性之一是需求导向，因此除了从供给层面考虑产业的比较优势，还需要从需求层面把握产业的相对优势。另外，相比于一般产业，出版产业既具有经济属性，还具有文化及意识形态属性，它与国家的政治体制、经济与社会发展水平相适应，这使得国家在进行出版体制改革的过程中面临更大的难度和挑战。

为了对我国出版企业自生能力问题的产生进行较为全面的理解，这里有必要对中华人民共和国成立以来我国出版业的发展历程及出版体制改革的情况进行简要回顾。需要说明的是，企业自生能力问题主要针对的是由传统计划体制向市场体制转型的国有企业，本研究调查对象中，国有出版企业占据绝大多数，其反映了我国出版业的基本面貌。因此，如无特别说明，本节提到的出版企业主要指的是国有出版企业。

出版性质是人们对出版活动本质属性的根本认识，它决定着出版管理体制和运行机制。中华人民共和国成立以来，我国对出版性质的认识大致经历了将出版视为"政治工作"，同时又明确出版属于"文化事业""经济事业"，到将出版看作"阶级斗争的工具""无产阶级专政的工具"，再到重新认识到出版具有意识形态属性、文化属性、产业属性的历史进程。① 中华人民共和国成立以来的前30 年，我国出版业的宏观目标主要是服从国家当时的政治宣传以及重工业发展导向下的知识教育需要，由此形成了以扭曲产品和生产要素价格的宏观政策环境、高度集中的资源计划配置制度，以及缺乏自主权的微观经营机制为特征的三位一体的传统出版体制。具体而言，为适应宏观战略目标，国家在政策层面实行统一的图书定价标准，即价格管制与低定价政策，执行图书出版业"保本微利"的方针；在资源配置方面，采取均衡布局的方式，严格按照行政等级来平均配置出版资源，"一个部有一个出版社、一个报、一个

---

① 杨军. 新中国对出版性质认识的历史轨迹探究 [J]. 出版发行研究，2009 (9)：33-37.

刊，一个省有一个省报和人民、教育、科技等几个出版社"①；在
微观管理机制上，出版事业单位占绝对主导地位，采取严格的图书
单位审批制、主办主管单位负责制、书号管理制度等。尽管传统出
版体制在一定时期内为完善社会主义制度、保障民族凝聚力起到了
积极作用，但由于片面强调出版的意识形态属性，忽视了文化与商
业双重属性，使得行政配置成为出版资源配置的主导模式，造成了
诸多问题，出版机构的效率缺失和精神文化产品的极度匮乏便是其
中的典型表现。

随着党的十一届三中全会的召开，经济领域的改革开放率先开
启，与此同时，出版工作的调整也随之展开。1983 年 6 月，党中
央、国务院发布《关于加强出版工作的决定》，在"出版工作的性
质和指导方针"部分指出，"社会主义的出版工作，首先要注意出
版物影响精神世界和指导实践活动的社会效果，同时要注意出版物
作为商品出售而产生的经济效果"。② 这是中央首次在正式文件中
明确提到出版的双重属性，为出版业的发展起到了重要的推动作
用，极大地激发了出版单位的生产积极性。党的十四大提出建立社
会主义市场经济体制，在此背景下，1992 年 4 月，新闻出版署召
开党组扩大会和部分省市新闻出版局局长会，提出进行出版、印
刷、发行企业集团的试点。此后，出版集团继续在微观管理层面进
行探索尝试，包括探索法人治理结构等，但始终是在"事业单位，
企业化管理"框架内进行调整。直到党的十六大召开，明确提出
深化文化体制改革、发展文化产业的战略任务，为出版单位的企业
化转型迈出了关键的一步。根据中央文件精神，除了人民出版社等
少数公益性单位继续保留事业单位性质以外，其他的出版单位必须
转制为现代企业。在这之后，各地按照十六大提出的战略任务，扩
大试点，逐步将改革推进。2008 年，中央按照"区别对待、分类

①　南方周末·专访柳斌杰：新闻出版改革下一步［EB/OL］．［2014-01-
04］．http：//www.infzm.com/content/20830/1.

②　杨军．新中国对出版性质认识的历史轨迹探究［J］．出版发行研究，
2009（9）：33-37.

指导、循序渐进、逐步推开"的原则，进一步制定了改革的路线图和时间表，到 2013 年，国内大部分图书出版单位完成了转企改制，中央确定的阶段性改革任务基本完成。

改革开放以来，尤其是十六大以来，我国出版业改革取得了显著的成就，截至 2012 年底，我国已有出版集团 34 家，其中上市公司达到 10 家,① 出版企业的市场参与程度和生产经营积极性得到有效提升，出版业整体实力进一步壮大。但是，由于国有出版企业的治理结构与产品技术特性内生于传统计划经济时代的宏观战略目标，与现实的出版资源禀赋和大众精神文化需求结构并不一致，因此，在开放、竞争的市场环境中缺乏完备的自生能力。尽管随着出版体制改革的不断深入，国有企业的经营自主性得到较大提升，加之以图书工作室、文化传播公司为代表的民营出版企业迅速繁荣，客观上激发了部分国有出版企业的创新发展，但是由于宏观战略目标并没有得到根本性的扭转，与市场资源配置相关的出版市场准入制度、退出机制等关键环节仍未取得实质性突破，同时受制于地方政府保护主义、路径依赖等因素，使得国有出版企业自生能力不足的问题依然普遍存在。

正是在这样的背景下，一方面我国出版业继续朝着市场化、企业化的方向发展；而另一方面，在全球范围内兴起的信息化浪潮开始全面渗透到出版领域。对于处在体制改革与技术变革双重驱动下的出版企业来说，原本存在的自生能力问题进一步加剧。

9.5.3　产业融合下的自生能力问题

在传统工业时代，技术升级对企业自生能力的影响便一直存在。林毅夫提到，当要素禀赋结构提升时，原来有自生能力的企业，在竞争的市场环境下，只有根据要素禀赋结构的升级来进行产

---

① 李文邦. 建立出版社退出机制的初步构想 [J]. 出版科学, 2013 (2): 48-51.

业、产品、技术的升级才能继续维持其自生能力。① 这可以从 20
世纪末信息技术引入到传统出版流程，对出版企业生产效率和内部
管理能力所带来的积极效应上得到体现。但是与传统工业时代信息
技术对企业作用机制不同的是，基于网络结构基础上的信息化技术
除了对要素禀赋结构产生影响之外，还对整个市场经济的基础环境
造成巨大冲击，从而使得传统出版企业面临新一轮的自生能力危
机。

从作用对象来看，这一轮技术变革并不是发生在产业内部，而
是发生在相关产业的边界，因此体现为对包括出版在内的整个内容
产业的全面塑造，使得出版企业的基础环境由边界清晰的图书出版
产业，进入到以数字融合为基础的融合产业环境之中。对比这两个
环境，无论是市场的竞争性质，还是竞争范围，都表现出明显的差
别。

首先，由于数字与网络技术的迅速发展，企业之间的竞争性质
发生较大变化。因为新技术不再仅仅作用于生产者，而是同时作用
于需求方，产生明显的网络效应，即用户增长本身能为企业带来直
接的效益，这使得用户更多掌握了产品成功的主导权，最终使竞争
性质从提高产品质量、降低成本为主的竞争方式转变为寻找"正
确"的产品、市场和商业模式的竞争。② 这要求企业对传统生产和
运营方式作出重大调整，将原先以提升运行效率为目标的组织结构
转变成具有敏捷的需求响应机制的组织结构。

其次，互联网本身的跨地域性，使得企业的竞争范围大大拓
展。随着以生产技术手段与装备为表征的技术边界、以产品和服务
方式为表征的业务边界、以产业活动基础平台为表征的运作边界和
以可替代产品竞争关系为表征的市场边界被逐一打破，传统上各自
分立的产业逐渐走向融合，原本属于不同行业的企业自然也被放在

① 林毅夫．自生能力，经济转型与新古典经济学的反思［J］．经济研
究，2002（12）：15-24.
② 周振华．信息化与产业融合［M］．上海：上海三联书店，2003：
346.

同一个水平线上进行比较，出版企业的竞争对手转变为腾讯、百度等大型互联网企业，而这种状况随着移动互联网的兴起呈现出加剧的态势。由于传统企业和新媒体企业经济特性上的内在差异，其投入产出函数存在明显不同，这使得传统企业在进入新领域初期，面临较大的转型压力。

在林毅夫提出的自生能力的概念中，"开放、竞争的市场经济"是其默认的基础环境。而如果从市场竞争和开放程度来衡量，基于数字技术的融合产业环境的开放性与竞争性要明显超过传统工业时代的水平，可以被视为传统工业时代市场经济的"升级版"。正如布拉德福德·德朗与迈克尔·弗鲁姆金所指出的，数字技术革命很大程度上削弱了市场经济的"技术性"前提，① 这充分揭示了两种环境之间的重要差异。由于市场环境的急剧变化，它对传统企业的技术、产品以及治理结构提出了更高的要求。与此同时，根据对出版产品经济特性的分析，出版产品具有信息产品与工业产品的双重属性，而随着信息技术在出版领域的广泛应用，出版产品体现出更多的信息产品属性，这使得出版企业基于传统工业品的生产方式受到极大的冲击，加之包括数字版权保护在内的一系列配套法律基础设施存在较大的滞后，共同造成了出版企业新一轮的自生能力危机。

从国外出版业发展状况可以清晰地看出新一轮自生能力危机的影响，国外出版业主要分为三大出版类别，分别是专业出版、教育出版和大众出版，三者在商业特性、产业集中度、营销方式等方面存在结构性差异。② 一般来说，学术出版与教育出版企业的数字化转型状况要明显优于大众出版企业，不少学者依据内容形态特征提出"成功商业模式"：专业数据库模式、网络教育服务模式等。然而细究会发现，在学术出版与教育出版领域，尽管产品形态和服务

① ［美］布赖恩·卡欣，哈尔·瓦里安. 传媒经济学：数字信息经济学与知识产权［M］. 常玉田，译. 北京：中信出版社，2003：1.

② 程三国. 理解现代出版业（上）［N］. 中国图书商报，2002-10-11（30）.

194

方式都发生了巨大变化，但原有的产业结构却并没有发生本质的变化，主导产业格局的关键——学术评价体系与教育权威性依然由传统出版业掌控，并没有出现实质意义上的产业融合。反观大众出版，尽管近几年，以美国为代表的电子书市场快速兴起，但其产业走向已经不在传统出版商掌握之中，出版产业链结构逐渐被亚马逊、苹果等数字内容生态系统所取代，作为内容提供商的出版企业则面临边缘化的局面。结合之前提到的第二种自生能力问题的产生原因，可以看到，在学术出版与教育出版领域，由于整体的市场环境没有发生本质变化，企业所面临的自生能力问题并不明显，这使得爱思唯尔、施普林格、培生等大型出版企业能够迅速通过采纳新技术实现转型；而大众出版领域则受到产业融合所带来的强烈冲击，企业面临较为严重的自生能力问题，不少中小出版企业被迫进行大幅度的结构性调整，寻找在全新的数字内容生态系统中的合理定位。正因为如此，从出版企业创新绩效来看，三者会呈现出明显的差异。

既然国外出版企业在特定领域已形成较为成熟的商业模式，三大出版领域的绩效差异也较为明显，为何中国没有同样的状况呢？因为我国三大领域的出版企业并非依照资源比较优势而形成相应的产业、产品结构，尽管近几年，随着出版体制改革的深化，产业发展的客观规律也在各自领域有不同程度的显现，但受制于现实中出版资源配置的结构性缺陷以及传统体制所形成的路径依赖，这使得大部分企业依然存在较为严重的自生能力问题。在这种状况下，试图一步跨越落后的产业和组织结构，而直接套用国外成熟的商业模式，效果自然不理想，也即有学者所说的"看得见、摸不着"的现象。①

9.5.4 双重自生能力缺失及其影响

通过上述分析，可以看到，由于我国出版业是在尚未完成市场

---

① 姚彦兵. 内容提供商：出版社数字化生存的理性选择 [EB/OL].
[2014-01-04]. http://blog.sina.com.cn/s/blog_3ec16d2e0100jdl3.html.

化改革的历史时期迎来新一波技术革命，虽然产业融合为出版业提供了更为广阔的资源配置空间，但在现行的资源配置方式下，企业不仅无法享受到新的"变量"所带来的潜在收益，反而面临市场环境变迁所带来的巨大冲击。因此，相比于西方出版企业，我国出版企业表现为双重自生能力的缺失。

这两种自生能力问题存在明显的差异，前一种产生的根本原因是出版业宏观战略目标违背出版资源要素禀赋的比较优势，后一种则是因基于数字技术的产业融合对出版市场环境的全面塑造所引发。但两者之间又具有内在联系，这体现在企业都因资源无法实现优化配置而陷入危机，解决这两种问题的目标都是使企业遵循市场价格信号，依据比较优势来确定相应的产品和技术结构以及商业模式。同时，两者之间存在相互作用，由于产业融合是对传统产业边界的消解，这使得建立在行业垄断基础上的宏观战略目标的实施变得愈加困难，要在产业融合的格局下维持既有的政府主导资源配置模式的成本变得愈加不可承受，深化改革已刻不容缓；与此同时，面对新兴媒体产业充分市场化的资源配置，原本从属于传统出版产业的作者、编辑资源开始逐渐向新兴产业转移，传统出版产业价值不断流失，使得国有出版企业的自生能力问题由隐性转向显性。

尽管企业自生能力问题对新媒体技术采纳与创新行为具有显著影响，但由于它是内生于我国宏观战略目标与资源配置等深层次问题，无法直接判断其负面影响，而最直观的表现往往是企业竞争动力不足、经营管理不善和创新绩效欠佳等方面，这使得人们容易将焦点集中于企业经营和管理等相对显性的问题。然而由于自生能力问题的普遍存在，企业即便引入先进的管理模式，往往也无法彻底摆脱因为产品、技术结构违背资源禀赋比较优势而导致的创新收益低下的状况，政府必须为此提供持续的补贴。近几年，伴随着全球数字出版产业的兴起，政府的大量资金开始以技术项目等形式投入到新媒体创新领域，而支持对象中包括不少存在自生能力问题的出版企业。由于出版企业的自生能力问题往往与正常的技术升级、市场经营等问题混杂在一起，政府无法对企业的实际创新行为进行准确的判断和评价，因此这种补贴并不是完全基于企业新媒体创新正外部性的合理补贴，其效果往往不甚理想。综合上述分析，笔者认为，企业双重自生能力的缺失是对我国出版企业新媒体创新发展困境的合理解释，因此，要真正实现我国出版业创新的可持续发展，首先必须要解决企业的自生能力问题。

9.6　提升出版企业新媒体创新发展的策略建议

通过对我国出版企业新媒体技术采纳研究结果的全面讨论，以及在此基础上对出版企业新媒体创新发展困境的深入分析，本节将从政府层面和企业层面提出促进我国出版企业新媒体创新的策略建议。其中政府层面的建议主要基于对出版企业创新困境的宏观解释，而企业层面建议则主要依据对出版企业新媒体技术采纳行为的微观分析结果。

9.6.1　政府层面

基于上述分析，我国出版企业新媒体创新发展面临困境的关键在于企业双重自生能力缺失，而其产生的重要根源之一是出版业宏观战略目标违背出版资源要素禀赋的比较优势。因此，从政府层面，一方面需要着力健全现代出版市场体系，从而确保市场在出版资源配置中发挥关键作用，引导企业开展新媒体创新；另一方面则是发挥政府在解决出版企业自生能力问题中的重要作用，在合理的范围内为出版企业的转型升级提供支持。

9.6.1.1　健全现代出版市场体系

正如林毅夫在为解决企业自生能力问题而提出的比较优势战略中提到："当欠发达国家的政府选择了遵循比较优势的战略时，它的基本政策应该是为自由、开放和竞争的产品和要素市场的运转消除各种可能存在的障碍。"① 因此，政府要引导和加强出版企业的

---

① 林毅夫. 发展战略，自生能力和经济收敛 [J]. 经济学（季刊），2002，1（2）：271-300.

新媒体创新，必须建立并维护竞争的市场机制。党的十八届三中全会明确提出，要紧紧围绕使市场在资源配置中起决定性作用深化经济体制改革。这一重要文件精神，同样为建立健全现代出版市场体系指明了方向。以下结合出版业现状提出相应的建议：

一是逐渐放宽出版准入和退出门槛。由于我国出版业实行严格的行业准入和书号配给制度，形成了较高的进入和退出门槛，这不仅对传统出版领域的创新造成直接影响，同样也对新媒体创新具有明显的抑制作用。通过放宽出版准入和退出门槛，允许更多的民营企业进入到出版领域，有助于改善出版市场竞争机制，提升企业竞争水平，激发新媒体创新活力。

二是破除区域行政壁垒。由于我国特有的行政区划所产生的区域行政壁垒对出版资源的优化配置造成阻碍，限制了企业创新所必需的资源集约化水平。随着产业融合进程的加快，出版与相关产业之间的边界日趋模糊，这对出版企业开展跨行业、跨地域资源配置提出了更高的要求。只有打破区域行政力量的阻碍，才能有效促进出版资源在全国范围内的自由流动，推动不同所有制企业之间的战略合作，从而提升新媒体创新绩效。

三是加强并完善数字版权相关法律体系。版权法的核心精神在于通过利益平衡原则来实现社会的可持续创新，新技术的发展对原有环境下的平衡状态造成冲击，需要建立起新的利益平衡机制。一直以来，数字版权问题是制约新媒体产业发展的主要障碍，一方面由于相关法律的不完善，网络盗版现象频出，使得权利人与获得合法授权的传播者的利益受到严重侵害；另一方面为了防止利益受损，相关权利主体采用 DRM 等技术措施对内容进行严格保护，客观上对用户体验与商业模式创新造成伤害，为此应充分考虑现阶段我国版权相关产业的发展水平与可承受能力，同时注重法律的前瞻性，积极引导未来可能的技术与商业模式创新。

四是减少政府对出版创新领域的过度干预。针对新媒体创新领域，政府采取了一系列支持措施，出台相应的政策文件，为企业创新提供了有效保障，但客观上也存在过度干预市场的行为。2010年，为促进电子书产业的快速发展，政府出台了《关于发展电子书产业的意见》，并参考传统出版流程，结合光盘等电子出版物特性，设立包括电子书出版、复制、发行、进口在内的四类资质，意在规范电子书产业秩序。但由于相关政策并没有遵循新兴产业发展的客观规律，而是延续传统出版产业链的资质管理方式，客观上对企业竞争与创新造成了障碍，并未达到政策预期的理想效果。事实上，国务院在2013年发布的《关于促进信息消费扩大内需的若干意见》中就明确提出，对现有涉及信息消费的审批、核准、备案等行政审批事项进行清理，最大限度缩小范围，着重减少非行政许可审批和资质资格许可，着力消除阻碍信息消费的各种行业性、地区性、经营性壁垒。市场体系的完善建立在政府能否将管制行为严格限定在明确可识别的目标范围内，厘清政府与市场之间的关系，将对出版企业新媒体创新起到至关重要的作用。

9.6.1.2 积极支持企业创新发展

根据本书的分析，出版企业自生能力问题主要是由于企业的产品与技术结构不符合新兴产业环境下的资源禀赋结构，因此政府在帮助提升企业自生能力方面，最重要的是支持出版企业结合新媒体环境下的用户需求，充分利用我国出版资源比较优势，进行产品、技术与生产方式的转型升级。具体可从以下几个方面提供必要的支持：

一是为出版企业新媒体创新提供必要的信息服务和人才培训。相比于国外，我国出版行业协会与商业研究结构发展仍不成熟，这本身也是出版企业自生能力缺乏的必然反映，因此从现实可行的角度，部分行业协会职能现阶段依然适宜由政府承担。其中非常重要的一点是信息服务与人才培训。作为一种具有战略意义的创新行为，出版企业新媒体创新发展需要充分吸收国内外相关产业转型升级、创新发展的市场信息，同时引入或培养适应行业需求的创新型人才，从而为企业提供现实指导。由于战略信息的收集、处理和深加工与系统性的人才培训都是需要成本的，如果单纯依靠企业自身开展，无疑加大了创新成本负担，因此适宜由政府提供或由政府牵头组织中立机构承担。近几年，新闻出版行政管理部门陆续举办或组织国内外出版企业经验交流会、编写国内外数字化创新典型案例集、评选数字化转型示范单位等活动，取得了不错的反响，有助于降低企业创新过程中的信息成本。随着企业自生能力的不断提升，今后政府有必要将部分职能转移到行业协会或非营利性组织机构，以增强服务的针对性，尤其是提高行业数据分析服务的质量。

二是开展新媒体创新基础性工程建设。随着信息产业的迅猛发展，各国都在加快信息化基础设施建设，有学者认为，我国与发达国家信息化领域的差距被进一步拉大①。尽管通过实施下一代互联网示范工程（CNGI）项目，我国在下一代互联网的关键技术研发、设备商用化、应用示范等方面取得了一定的进展，但整体上宽带网络基础设施仍然较为薄弱，支持 IPv6 的高性能路由芯片和移动智能终端芯片，以及操作系统等基础软件仍存在明显短板，② 这在很大程度上限制了基于 IPv6 的新媒体创新商业模式的发展。此外，随着科技出版向着智能化、语义化的方向发展，我国在科研数据基础设施建设方面与国外相比，仍存在明显差距，这限制了建立在海量关联数据基础上的语义出版的发展。从政府投资基础性工程的导向上，不应过分着眼于市场短期热点领域，而应将目标锁定在周期性更长、效用更加深远的基础设施项目。

三是为企业创新提供合理补偿。随着新媒体市场竞争日趋激烈，企业在创新过程中所面临的风险也不断增大，尤其对处于转型初期的出版企业来说，由于对新兴产业环境相对陌生，其转型所面临的失败成本与可能获得的成功红利往往是不对称的。为了补偿出版企业创新的外部性，政府可以为先行响应产业政策而遭遇失败的企业提供必要的补偿，包括税收优惠和贷款担保等措施，但应避免单纯的资金扶持，否则容易造成对企业创新的负向激励。相比于违

---

① 21世纪网. 科技企业提案"国家战略":信息化基础设施明显不足[EB/OL]. [2014-01-15]. http://www.21cbh.com/HTML/2013-3-6/3MNDE1XzYzMzY3Mw. html.

② 中国下一代互联网发展白皮书（2013 年版）[EB/OL]. [2014-01-15]. http://www.cngi.cn/upload/Attach/default/278197.pdf.

背比较优势下的政策扶持，以提升企业自生能力为目的的补贴是一定期限内对创新外部性的合理补偿，而不是连续大量的政府资金投入。

9.6.2　企业层面

无论政府提供何种方式的支持，新媒体创新最终都离不开作为市场微观主体企业的内驱动力。以下将结合本书研究结果与相关理论，从企业层面提出若干策略建议。

9.6.2.1　提升竞争意识和能力

根据本研究结果，管理者对出版企业新媒体技术创新具有关键作用，这本身暗合了出版企业目前的创新发展阶段。相关学者在对IT企业的研究中发现，相比于企业稳定发展阶段，在创业和快速发展阶段，管理者支持对企业成长尤其重要。① 由于我国出版企业处于体制改革与技术变革的特殊转型时期，相应的风险和挑战都大于以往，尽管通过国家政策措施，可以在一定程度上缓解压力、降低风险，但在现行出版体制框架下，最终要实现转型和创新的可持续发展，仍然离不开管理者自身的竞争意识与变革勇气。随着技术变革对传统出版体制和机制的持续冲击，依托书号等垄断资源获取收益的空间不断缩小，原先依赖有限资源还能勉强存活的出版企业甚至将面临破产危机，只有具备企业家精神的管理者，才能带领企业在竞争日益激烈的市场中脱颖而出。与此同时，出版企业有必要提高自身的竞争能力，这很大程度上取决于企业的信息基础设施。现阶段，信息化技术对出版企业而言，更多仍是扮演加强传统出版流程效率的作用，而随着信息化在全社会范围内日益普及，企业最终需要利用信息技术改变传统出版的商业模式、推动业务流程重组，从而实现企业的深层次转型。具体而言，出版企业应将原先相互分割的信息系统，如内容管理系统（CMS）、客户关系管理

---

① 王勇 . IT 企业成长的关键影响因素实证研究［D］. 北京：清华大学，2009.

（CRM）、供应链管理（SCM）等进行集成，形成紧密相连的整体系统结构，为创新产品服务和战略决策提供基础保障。

9.6.2.2　合理定位发展战略

根据本研究的调查结果，新媒体产品需求状况是影响出版企业新媒体技术采纳绩效的首要外部因素，而在案例研究中，天闻数媒对用户需求的高度重视也是其取得成功的关键保障。对于身处变革时代的出版企业来说，如何从目标用户需求角度，结合自身资源禀赋与细分市场状况，进行合理的战略定位显得尤其重要。2011 年，百道网新出版研究院发布的《2011 中国电子书产业报告》提出电子书 1.0、2.0 和 3.0 的概念，① 引发业界对出版企业数字化转型战略的关注。该理论在为电子书产业设立基本分析框架的同时，也对大众出版企业数字化创新战略提供了相应的路径借鉴，即优先发展电子书 1.0，逐渐向电子书 2.0 与电子书 3.0 过渡。正如企鹅兰登书屋资深副总裁在关于数字化发展方面提到，出版企业应当兼顾电子书与纸质书业务，同时开展数字化创新的实验与投资。②

以电子书 1.0 为核心的发展战略遵循了渐进性的发展思路，从出版企业可承受能力的角度，具有较强的现实可行性。但必须指出的是，该战略更多采用的是典型的产品视角，容易使企业忽略更为本质的用户需求，在产业融合的背景下，出版企业更需要为应对长期变革做好相应的战略准备。对此，笔者认为，出版企业在坚持推进电子书 1.0 业务的同时，还必须从目标用户视角审视和定位自身的长期发展战略。所谓的用户视角，其实并不令人陌生，早在 20世纪 60 年代，哈佛大学教授西奥多·莱维特（Theodore Levitt）就提出"营销近视症"，指出企业以狭隘的视角定义行业、产品或技术，忽略用户的本质需要，最终导致丧失市场和竞争力，他分别以

---

① 百道新出版研究院．程三国：电子书的三个世界 ［EB/OL］．［2014-01-15］．http：//tech. 163. com/11/0109/19/6PVSOFJ300094JDJ. html.

② 企鹅兰登书屋及其数字化转型 ［EB/OL］．［2014-01-15］．http：//file. bibf. net/files/2013-YJG-4. pdf.

铁路业和运输业为例说明产品视角和用户视角的差别。70 年代，艾·里斯（AL Ries）与杰克·特劳特（Jack Trout）提出定位理论，将用户视角进一步深入化，该理论将企业之间的竞争从显见的市场与产业结构层面，转移到如何占据用户心智的独特定位的竞争。今天，基于数字技术的产业融合环境为上述理论提供了更为理想的出口，无论是图书、电子书，还是其他数字内容产品或服务，其本质都是为适应用户某种需要而提供的解决方案，正如麦格劳·希尔教育集团执行主席罗恩·施罗瑟所提到的："我们正在进入教育服务和解决方案的时代，如果出版商希望满足用户个性化学习需求，教科书也许不是他们想要的。"① 新媒体技术在对图书出版经营造成影响的同时，也为以知识服务、少儿成长、辅助教学等为目标定位的出版企业带来了更广阔的增长空间。当然，针对不同的出版领域，由于原有的产业、产品结构和需求特性存在差异，具体的操作策略会有所不同，但围绕如何占据用户心智的定位理念却是一致的。相对而言，教育出版与专业出版由于目标用户需求相对刚性，本身产业链较短，企业应尽可能掌控整条产业链，提供用户最佳的解决方案，如辅助教师进行学生能力测评、支持科研人员进行学科趋势追踪，等等。大众出版企业面对产业环境的巨大变化，更需要由目标读者向目标用户延伸，围绕目标用户的关键需求作为定位的出发点，充分融入到用户所在的行业或社会网络之中，利用新媒体技术实现与用户的直接接触，持续为其提供理想的解决方案。这区别于产品视角下出版企业一厢情愿的"全媒体战略"，而是牢牢锁定目标用户需求，将企业的生产、销售、运营各个环节进行全方位改造，共同组成系统的解决方案。在这一战略指导下，出版企业摆脱了产品视角下纸质书与电子书相互对立的思维束缚，将战略的重心放在解决用户需求本身，而不是依托于某一载体形态的手段上，有利于企业重新审视自身的核心能力与竞争优势，同时避免过于狭隘或过于宽泛地理解竞争对手，确保资源投入在回报率最高的

---

① 　David Worlock. Never say never［EB/OL］.［2014-01-10］. http：//www. davidworlock. com/2013/10/never-say-never/.

领域。这里以中信出版集团新媒体产品创新为例，清晰地梳理出围绕用户视角定位的发展战略。

　　一直以来，中信出版坚持"提供知识，以应对变化的世界"的出版理念，这种从用户视角出发的价值定位在国内大众出版业并不多见，因为在用户心目中，中信出版已经不是单纯的一家图书出版企业，而是帮助用户应对变化世界的解决方案提供商。正是基于这样的明确定位，中信出版在数字阅读领域并不是毫无目的的泛泛尝试，而是在区分数字阅读需求中的严肃学习、休闲阅读后，将目标牢牢锁定在这两类阅读需求的中间位置，即延伸学习。这一需求下的读者群体更多是出于对成功的渴望，需要通过阅读获取新知识、了解新趋势、思考新观点。围绕这一目标群体，中信出版推出"信睿客""中国故事"等数字内容产品。其中"中国故事"系列的内容策划更类似于媒体运作过程，首先围绕目标定位发掘需求范围，在此范围中发现其他产品尚未解决的空白点，即"中国有大量现实题材的故事，但缺少很好的讲述者"①。围绕这一需求点，中信出版确定相应的选题，然后依照用户需求的标准来寻找合适的内容，也就是从读者角度反推为什么要读某本书，与他们的生活有何联系。最后利用社会化媒体的手段向用户解答上述问题。面对海量内容的竞争，中信出版开发这类产品的思路建立在"获取信息的成本并不为零"的基础上，这指的是通过中信出版对优质内容的整合，能够节省用户获取同样价值信息的时间成本。当然，这对内容获取成本提出了挑战，尤其是传统出版业的版税制度还在一定程度上制约了这种优质碎片化内容的开发，这取决于今后市场发展的速度和为电子书作者带来的商业回报情况。从中信出版的案例中，可以看到一条从用户视角出发的定位思路，基于用户心智的价值定位，指导用户细分，进而发现市场空白点，围绕相应的需求点，发挥传统出版企业内容组织整合的优势，从用户机会成本的角度为其提供优质的解决方案。正如中信出版集团数字出版总编辑黄一琨所说："那些以数字阅读作为敲门砖的公司，比纸媒对用户的

---

　　① 中信出版：占"时"为王 [J]. 东方企业家，2013（10）：108-109.

理解深刻得多。他们会尊重人、研究人、苛求内容质量，思考在手机上那么多的 App 中为什么用户要点开这一个而不是另一个，他们对内容的信心和对内容的期待远超过纸媒。"①

9.6.2.3 积极引入战略合作伙伴

为了有效实现基于用户心智定位的发展战略，出版企业需要积极引入战略合作伙伴。结合本研究的调查结果，笔者认为，正是由于大部分出版企业的新媒体创新战略是建立在产品视角基础上，使得企业的合作对象往往是在经营活动上存在一定互斥性的产业链下游企业，因而造成战略合作因素未受到充分的重视。随着发展战略的调整，选择引入合适的战略合作伙伴，对出版企业创新发展将起到至关重要的作用。正如林毅夫所说，一个企业的产业和技术升级的成功与否取决于企业之外是否存在新的人力资本的供给。② 对于出版企业来说，新媒体创新所需要的许多新的条件并不能完全实现内部化供给，而需要依赖外部资源的帮助。

出版企业战略合作的目标对象主要包括几个方面，第一种是针对目标机构用户的战略合作，比如专业出版企业与数字图书馆、教育出版企业与中小学的合作等，通过与机构用户的合作，出版企业可以充分把握终端用户的需求状况，并尝试开展新媒体产品或服务的测试。第二种是和定位于同一目标市场的企业合作，为出版企业创新争取必要的资源支持，如长江少儿出版集团为更好地开展体验式教学服务，与学教具生产企业成立合资公司，共同进入少儿学习市场。除此之外，出版企业还应充分吸收有利于提升目标用户价值的利益相关方，如教育出版企业可加强与教育研究机构的合作，为对方提供科研机会的同时，也有助于增强用户服务质量。借助多元化的互补合作策略，出版企业有机会形成以目标用户需求为核心，各个相互协作机构所构成的虚拟价值网。

---

① 中信出版：占"时"为王［J］. 东方企业家，2013（10）：108-109.
② 林毅夫. 自生能力，经济转型与新古典经济学的反思［J］. 经济研究，2002（12）：15-24.

出版企业战略合作成功的关键在于企业合理的目标定位，能够突出自身在该定位上的相对竞争优势，从而吸引合作伙伴的加入。这就要求出版企业重新审视并发挥自身的资源优势，相比于可替代性较强的图书内容资源，企业所具备的无形资产，如在细分用户中具有较强认知的品牌资源和市场开拓中必要的社会资源，对实现创新的可持续发展具有更为重要的作用。与此同时，考虑到目前不少出版企业的内部管理机制尚无法充分适应新媒体创新领域的激烈竞争，吸引业外企业进入到出版领域，共同成立合资公司，将有助于改善出版企业的管理水平和运行效率，从而提升企业的竞争能力。

9.6.2.4 调整新媒体创新的管理方式

除了外部战略合作，出版企业要实现可持续的新媒体创新，离不开内部的管理创新。本书在结果讨论部分，引用了克里斯坦森教授所提出的"资源—程序—价值观"框架，对我国出版企业应对新媒体创新的管理方式进行了较为全面的分析，指出不少出版企业在管理中存在不同类型业务混同的问题。

在《困境与出路：企业如何制定破坏性增长战略》一书中，克里斯坦森明确指出，正确的分类是发展出有效理论的关键。这对理论的应用而言，同样如此。一直以来，出版界对新媒体创新的理解更多建立在事物的表面特征，即是否运用了数字和网络技术，而忽略了从更为本质的产品和服务的经济特性上进行分类，这使得不少出版企业将经济特性存在结构性差异的新媒体创新类型纳入到同一个独立机构中，造成相互冲突的状况。对大众出版企业而言，电子书1.0业务与纸质书业务虽然在载体形态、产业链结构上存在一定的不同，但在需求特性、成本结构、销售模式以及对版权保护需求等方面并没有本质差异，适合于继续在传统业务部门发展；而移动App、自助出版等业务则有可能完全打破传统出版的产业结构和商业逻辑，在"价值观"上与前者具有较为明显的冲突，需要在全新的组织环境中发展。只有通过对创新业务的正确分类，出版企业才能顺利地贯彻针对不同创新类型的管理方式。

具体的战略管理方面，针对维持性创新与颠覆性创新，分别需要采取两种不同的战略制定过程——周详计划战略与紧急应对战略。其中，周详计划战略是企业根据对目标市场增长、客户需求等数据进行严格分析而制定的。以学术出版企业的数据库销售为例，它们往往根据不同机构用户上一期的文献浏览、下载等使用情况来制定下一期的价格与销售方案，并计算投入的资源比重，在执行过程中严格遵循自上而下的方式，以确保创新业务取得更理想的增长。紧急应对战略则是对不可预见的问题或机遇的紧急应对，是出版企业应对颠覆性创新业务的策略，它本身暗含的前提是企业需要不断辨别哪些方法是有效可行的。在执行过程中，企业首先需要制订目标财政计划，同时为实现这一计划设立假设清单，明确哪些假设是必须被证实的。在此之后，企业进一步检验关键假设是否合理，最终投资并实施计划。这里以"罗辑思维"为例，它是由创始人罗振宇及其团队推出的自媒体品牌，利用微信公共账号，针对目标用户每日推送一段 60 秒的真人语音服务，引导用户进行阅读，并由此结成具有志趣相投的社群，在持续服务一年以后推出付费会员方案，并借助会员活动来吸纳商家参与进来，逐渐形成基于罗振宇独特魅力人格和价值观的商业生态系统。在此过程中，用户的粘性水平是否达到维持品牌运转的程度便是需要证实的假设之一，在通过会员方案对假设予以证实后，企业持续展开投入。

对于我国出版企业新媒体创新来说，现阶段有必要将更多的精力放在维持性创新业务上，首先从发展阶段而言，我国仍具有相对广阔的读者市场空间，这类读者群体是支撑传统出版业务与电子书、按需印刷等维持性创新业务的基础，是出版企业利润的主要来源，尽管维持性创新业务与传统出版业务之间存在一定的替代性，但通过合理的商业策略设计，两者之间的互补性往往更强，这也就是为什么有学者认为"电子书是另一场平装书革命"①。其次，维持性创新业务更多延续了传统出版的商业逻辑，有利于出版企业实现渐进的转型，同时为更深层次的变革积累必要的创新资金。当

① 安德鲁·弗尔，丛挺编译. 平装书革命如何像电子书一样改变了出版业［EB/OL］.［2014-01-15］. http：//www.bookdao.com/article/46200.

然，由于信息技术的持续冲击，在大众出版领域，决定产业发展走向的主导权并不在出版商手中，试图长时间维持相对封闭的电子书产业链结构并不现实。这也决定了出版企业需要提高对颠覆性创新业务的重视程度。具体针对颠覆性创新的管理，有两点需要特别注意，一是避免在正确的颠覆性战略尚不可知的时候，就采用周详计划方法，以造成对业务潜力的错判；二是当颠覆性业务已呈现出清晰的发展态势时，需要尽快转入周详计划方案，避免错过战略转型机遇期。

9.7 小结

本章主要建立在前两章定量和定性研究结果的基础上，分别针对出版企业新媒体技术采纳的基本状况、采纳过程，以及技术采纳绩效的影响因素等问题进行了详细讨论。区别于一般组织创新采纳研究中仅仅基于企业主体角度分析所带来的局限，本章在总结分析上述现象与问题的基础上，进一步揭示出版企业新媒体创新发展困境的关键在于企业双重自生能力的缺失，并结合企业自生能力相关理论，较为系统地分析这种困境所产生的原因及其影响，从而为策略建议的准备提供更为明确的逻辑方向。

依循上述逻辑方向，本章从政府和企业层面提出了提升我国出版企业新媒体创新发展的策略建议：政府层面，着重强调健全现代出版市场体系和支持企业创新发展，并对具体措施提供方向性建议；企业层面，强调从提高竞争意识和能力入手，从用户视角合理定位自身的发展战略，对外引入战略合作伙伴，对内调整新媒体创新管理方式，并配合相关案例，给予具有较强实操性的策略建议。

第10章 结 语

本书结合组织创新采纳、产业融合、出版产品经济特性等相关理论，通过问卷调查、深度访谈等方法对出版企业新媒体技术采纳的动机、决策、实施与管理，以及技术采纳绩效的影响因素等问题进行系统的调查和统计分析。并以中南出版旗下的天闻数媒公司作为案例研究对象，对相关影响因素的作用机制予以揭示。最后，在对相关定量和定性研究结果进行针对性讨论的基础上，结合企业自生能力理论，对我国出版企业新媒体创新困境的成因及其影响进行深入分析，并从政府和企业层面提出提升我国出版企业新媒体创新发展的策略建议。本章通过对上述工作的总结，归纳出本书主要的研究结论，同时说明本研究存在的不足之处，并对后续研究的开展进行展望。

10.1 主要结论

本书通过对我国出版企业新媒体技术采纳开展理论与实证研究，深化了对出版企业创新采纳行为的理解和认识，并对我国出版企业创新发展困境做出了相应的解释。经过一系列工作，本书取得的主要研究结论如下：

（1）经过对国内外相关研究现状的梳理和总结，笔者认为，尽管广义上围绕出版企业创新管理研究已有不少，但许多研究并非在相对规范的研究框架和语境下展开讨论，这使得研究结果缺乏科学意义上的可验证性。将组织创新采纳相关理论引入出版企业创新管理研究领域，有助于明确出版企业作为技术采纳者的角色定位，同时为该领域研究提供必要的框架基础。

（2）我国出版企业新媒体技术采纳尚处在探索阶段，企业在新媒体业务上的整体收益较为有限，不同规模与组织类型的出版企业在新媒体技术采纳绩效上存在显著差异。现阶段，企业创新采纳动机并未转化为有效的创新投入，不同采纳动机的出版企业在采纳绩效上不存在显著差异。

（3）采纳决策方面，阻碍出版企业采纳新媒体技术最主要的问题是创新风险过高、创新人才缺乏，以及创新资金不足。出版企业采纳技术的主要类型为电子书与移动阅读应用，最主要的采纳方式则是技术外包，不同采纳方式的出版企业在采纳绩效上不存在显著差异。

（4）采纳管理与实施方面，出版企业新媒体创新投入明显不足，大部分企业获得政府相应的资金支持。出版企业新媒体技术采纳的过程存在组织学习效应，信息技术采纳提升了出版企业相应的技术应用能力，有助于提高其采纳新媒体技术的绩效表现，而企业对新技术应用的持续投资也对采纳绩效具有一定的正向影响。出版企业管理创新绩效与新媒体技术采纳绩效存在较低的相关性。

（5）借助不同研究方法，本书对新媒体技术采纳绩效的关键影响因素进行揭示，其中，组织内部因素的重要性程度要高于外部因素。结合企业问卷调查与专家层次分析结果，新媒体产品需求状况是最重要的外部影响因素，而管理者支持与资源优势则是最重要的内部影响因素。另外，本书案例研究发现，品牌与政府资源对出版企业新媒体创新具有重要作用。

（6）通过从宏观层面对上述研究结果的深入分析，本书认为，我国出版企业新媒体创新发展面临困境的关键在于出版企业双重自生能力的缺失，其中，第一种自生能力问题主要是由于我国传统出版业宏观战略目标违背出版资源禀赋的比较优势所导致；第二种则是由基于数字技术的产业融合对出版市场环境的全新塑造所引发，两者之间存在相互作用，共同导致出版企业的创新困境。

（7）在对研究结果进行分析和讨论的基础上，本书就促进我国出版企业新媒体创新发展提出策略建议：在政府层面，应着力健全现代出版市场体系，消除市场机制运转所存在的各种障碍，同时在合理的范围内发挥政府的积极作用,支持企业的创新发展。在企业层面,首先,需要提升企业的竞争意识和信息化等基础能力;其次,在遵循渐进性发展的基础上,注重从用户视角合理定位自身的发展战略;再次,为了实现基于用户心智定位的发展战略,需要从外部积极寻求战略合作伙伴,以改善企业资源内部化供给不足的问题;最后,在内部依据维持性创新与颠覆性创新的本质特性,进行合理的分类,从而调整新媒体管理方式。

10.2　本研究创新之处

本书基于组织创新采纳相关理论,综合运用多种研究方法,对我国出版企业新媒体技术采纳展开研究,其中创新之处主要表现在以下几个方面:

(1)本书将组织创新采纳理论引入出版企业创新管理领域,根据组织创新采纳的过程研究范式与因素研究范式,构建了出版企业新媒体技术采纳的分析框架,为后续研究的开展提供了框架基础。目前,围绕出版企业新媒体创新的相关研究主要以描述性分析为主,缺乏系统的理论框架指导,由此产生的结论往往限于对经验的总结,缺乏科学意义上的可验证性。本研究围绕组织创新采纳等相关理论,结合出版企业的特殊性,建立起本书的分析框架,借此对出版企业新媒体技术采纳过程与采纳绩效影响因素展开研究,弥补了该领域实证研究的不足,同时为后续研究的开展提供了基础性的分析框架。

(2)本书通过对技术采纳过程的研究发现,出版企业新媒体技术采纳存在组织学习效应,这一结论突破了以往只在一般信息技术采纳范围内应用该理论的局限,拓宽了该理论的应用空间。组织学习的观点表明,企业对新技术的吸收能力很大程度上取决于原有的相关知识,当某项技术被企业采纳,企业对该技术的知识就会增加,这既会改进企业对该项技术的应用,也会促进其对新技术的吸收。然而,过往的研究主要局限在一般信息技术采纳范围内,并未涉及新媒体技术这类特殊的技术形态。本书通过对新媒体技术采纳中组织学习效应的研究发现，企业信息化水平对出版企业新媒体技术采纳绩效具有显著影响，这一结论将组织学习理论拓展到新媒体技术采纳领域，深化了该理论的应用价值。

（3）本书针对出版企业新媒体创新所面临的现实困境，从宏观层面揭示企业创新困境的关键在于双重自生能力的缺失，并对困境的成因及其影响进行较为深入的解释，最终结合宏观与微观层面的分析结果，从政府层面与企业角度提出针对性的策略建议。上述针对我国出版企业创新发展困境的解释和策略建议方面有一定创新。关于出版企业创新困境已有不少解释，尽管不同的研究都触及了问题的某些方面，但并没有获得对该问题较为满意的解释。本书在充分掌握定量和定性研究结果的基础上，结合企业自生能力理论，对我国出版企业新媒体创新发展的困境进行深入探究，揭示其关键障碍在于企业双重自生能力的缺失，并对困境的成因及其影响进行了较为系统的分析，同时结合宏观与微观层面的分析结果，提出针对性的策略建议，强调政府应在合理的范围内为企业创新提供必要的支持，出版企业则应从占据用户心智的角度合理定位自身发展战略，正确而非盲目地采用颠覆性创新理论调整内部管理方式。

10.3　研究不足

本书借助组织创新采纳相关理论对出版企业数字化创新问题进行了有益的探索，但由于客观研究条件、研究者能力的限制，本研究还存在许多不足之处。

（1）调研样本的不足。作为一项面向企业的实证研究，本研究需要选取出版企业负责新媒体业务的中层管理者作为调查对象，这在调查进行过程中面临相当大的难度。尽管笔者采取多种方式，借助多种渠道进行问卷发放，但受限于行业资源、经费以及能力等方面的原因，最终回收到的有效问卷数量只有 99 份，与理想的样本数量存在一定的差距，因此对研究分析的有效性造成了影响。

（2）问卷设计与数据分析的不足。问卷设计与数据分析是实证研究的重要方面，为确保研究结果的可信性，笔者在研究过程中尽可能采取科学规范的操作流程和方法。针对出版企业技术采纳绩效的影响因素部分,在问卷设计初期,笔者尝试采用完整的量表方式进行测量,但问卷填答状况非常不理想,来自业界的被调查者普遍反映题项过多且较为复杂,很难顺利完成。为确保调查的可行性,关于影响因素的测量,笔者并未采用严格的量表进行,而主要采取对因素重要程度直接调查的方式。同时,由于最终样本数量有限,针对影响因素部分的统计分析,本书没有通过多元回归分析等方式进行,而是进一步采取德尔菲法和专家层次分析法来弥补,客观上缺少对各个影响因素与绩效变量之间因果关系的判断,这使得对影响因素的讨论存在一定的缺陷。

(3)案例研究对象选取的不足。由于案例研究在揭示复杂管理学问题的深度上具有明显优势,受到许多管理学者的重视,本研究同样专门加入了案例研究的部分。在研究之初,笔者打算分别针对三大出版领域选取合适的案例对象展开,但在实际进展过程中,由于各方面条件制约,某些符合条件的案例研究对象无法获得直接访谈交流的机会,而个别获许进行访谈交流的研究对象不符合案例对象所要求的代表性原则,最终只能选择一家数字教育出版企业作为案例研究对象,无法开展多案例的对比分析,这是本研究的一大遗憾。相信如果采用多案例对比分析,相关的研究结论能够更具有说服力。

(4)针对出版企业新媒体技术采纳过程的研究,考虑到问卷调查数据的可获得性,本书主要选择对采纳动机、采纳决策以及采纳实施与管理中的相关问题分别进行研究,对各个阶段的考察存在相互割裂的情况,这也使得对采纳过程的分析不够深入。今后,有必要结合案例研究等方法,对出版企业创新采纳不同阶段之间的相互关系开展进一步的研究。

10.4 研究展望

本研究针对我国出版企业新媒体技术采纳的相关问题进行了探讨和分析,得出了一些有价值的结论。但面对全球范围内兴起的产业融合大势，围绕出版与技术之间互动融合这一重大命题，仍有不少问题值得深入研究，未来可着重从以下几个维度展开：

（1）依照国内外出版业比较的维度，深入国外出版企业开展多案例对比研究。出版企业如何运用新技术开拓创新是全球出版业都面临的重要问题，本书借助较为成熟的理论和方法进行了本土化研究的尝试，充分体会到出版企业的创新问题同时受到出版企业特有的运作机制和国家特定的文化管理体制的共同作用，以国内出版企业作为研究对象客观上容易混淆两种不同的作用机制。管理学研究的重要目的是研究对象系统的客观运行规律，因此宜尽可能将研究对象放在前提条件更完善的环境中进行研究。国外尤其是欧美地区的出版企业，经历了漫长的市场化洗礼，其本身对于新技术与出版之间的作用关系有更为深刻的感知。围绕本书所提出的部分研究问题，在充分获取公开资料的基础上，深入到国外出版企业，通过深度访谈、参与式观察等方法开展多案例对比研究，挖掘不同领域出版企业的运行机制在新技术环境下的冲突、调适和再适应的过程。希望通过该研究，更深入地揭示出版企业采纳新媒体技术的内在规律。

（2）基于产业融合的维度，将研究拓展至更广泛的传媒领域，对不同类型的传媒企业的创新采纳行为进行比较研究。随着数字技术的影响，杂志、报纸、电视等传媒领域都面临不同程度的数字化转型压力，呈现出较为明显的差异。Picard 指出，不同传媒企业的创新倾向可以通过外部市场结构特征和内部财务、成本和业务等属性来进行评估。借助本书对出版企业新媒体技术采纳所形成的研究思路，结合不同传媒企业的结构特性，对其创新规律的内在差异展开实证研究，这有助于填补传媒经济与管理学研究在该领域存在的空白。

（3）从出版史的维度，对出版与技术之间的历史作用关系进行深入考察，从而揭示出版企业转型的路径和方向。正如吴永贵教授在《中国出版史》后记中所言："新出版技术不仅带来新的文献生产方式，它还同时带来新的文化传播路径和新的阅读接受状态。因此，我们在出版史的宏大叙事中，就不能不格外关注技术因素对出版新范式所产生的拐点性影响。"① 新媒体技术是人类发展历史中一类新的技术表现，研究者如果仅仅站在现实的维度去理解新技术对出版的影响，往往容易限于视角的束缚而流于形式。研究新技术对出版的作用机制，不仅需要把握技术的基本属性，更重要的是理解技术背后所蕴含的经济特性和文化意义，及由此带来的对特定社会制度下人类社会文化的深层次影响。希望今后能够在出版与技术的交叉领域探寻到新的成长点。

---

① 吴永贵. 中国出版史 [M]. 长沙：湖南大学出版社，2008.

附录1 访谈提纲

访谈单位名称：_____   访谈对象：_____

访谈时间：_____   访谈地点：_____

一、新媒体技术采纳基本状况

1. 您认为目前我国出版企业的新媒体技术采纳基本状况如何？

2. 请问公司近几年新媒体业务发展状况如何？主要出于怎样的动机考虑？整体上的目标定位和发展规划是怎样的？

3. 请问公司现阶段有哪些代表性的数字产品或项目？目前的市场表现如何？

4. 您认为目前公司新媒体业务在市场上的竞争对手有哪些？公司的相对优势主要在哪里？

二、新媒体技术采纳的实施与管理

1. 您认为我国出版企业针对新媒体业务的管理方面存在什么问题？

2. 请问公司在开展新媒体业务中面临的主要困难是什么？公司是如何克服的？

3. 从您了解的实际情况来看，开展新媒体业务是否与传统出版业务存在较为明显的冲突？

4. 关于新媒体业务，请问公司采取怎样的部门架构方式？具体的绩效考核方式与传统出版部门有哪些区别？

5. 您认为目前公司资金、技术、人才等方面是否足以应对新媒体创新的挑战？企业是否有开展关于新媒体业务的培训和学习？效果怎样？

6. 您认为出版企业信息化建设与新媒体创新之间的关系是怎样的？新媒体创新是否传统信息化建设的延续？

三、新媒体技术采纳绩效的影响因素

1. 您认为目前影响我国出版企业新媒体技术采纳绩效的因素有哪些？其中哪些因素最为关键？

2. 您认为政府相关政策对公司开展新媒体业务是否具有积极作用？公司在争取政府项目支持上采取了哪些积极的举措？

3. 您认为目前新媒体市场版权保护状况令人满意吗？这对出版企业投资新媒体业务是否存在很大的影响？

4. 目前国内有不少出版企业开始与 IT 企业合作，您认为这种合作对出版企业开展新媒体业务有明显的积极意义吗？

附录 2　出版企业新媒体产品技术应用状况调查[*]

尊敬的女士/先生，您好！

非常感谢您在百忙之中抽出时间填写本问卷！

本调查旨在了解出版企业应用新媒体技术的现状与问题。新媒体产品技术指的是出版企业生产、加工并形成新型媒体产品形态的软硬件技术，具体包括电子书技术、移动阅读技术、按需印刷技术等。本问卷是匿名调查，您所填写的数据资料将用于学术研究。您的参与对于我们的研究非常重要！在此表示衷心的感谢！

一、基本信息

1. 请问您所在出版企业的组织类型？

   A. 出版集团（集团下属的新媒体公司/部门属于此类）

   B. 中央出版社

   C. 高校出版社

   D. 归出版集团管理的出版社

   E. 民营出版公司

   F. 其他地方出版社

2. 请问您所在出版企业主要从事的业务范围？

   A. 教育出版　　　　　　B. 专业/学术出版

＊　笔者在问卷设计阶段，拟采用问卷名称为"出版企业新媒体技术采纳状况调查"，但经过预测试，发现"新媒体技术采纳"的表达容易造成被调查者理解上的偏差，因此，在最终调查问卷中采用"出版企业新媒体产品技术应用状况调查"的表述。

  C. 大众出版　　　　　　　D. 综合类

 3. 请问您所在出版企业年销售收入大约是多少?

  A. 3000 万以下　　　　　　B. 3000 万~5000 万

  C. 5000 万~1 亿　　　　　　D. 1 亿~5 亿

  E. 5 亿~10 亿　　　　　　　F. 10 亿~30 亿

  G. 30 亿以上

 4. 请问您所在出版企业的员工数量大约是多少?

  A. 50 人以下　　　　　　　B. 50~100 人

  C. 100~200 人　　　　　　D. 200~500 人

  E. 500~1000 人　　　　　　F. 1000~2000 人

  G. 2000 人以上

二、新媒体技术应用情况

 5. 请问您所在出版企业是否已经采用了新媒体产品技术?

  A. 有　　　　　　　　　　B. 无（跳转至 21 题）

 6. 请问您所在的出版企业目前采用的新媒体产品技术有哪些?（多选题）

  A. 电子书　　　　　　　　B. 电子阅读器/平板电脑

  C. 按需出版（按需印刷）　D. 移动阅读客户端

  E. 商用数据库　　　　　　F. 网络教学服务

  G. 电子书包　　　　　　　H. 自助出版服务

  I. 动漫游戏　　　　　　　J. 语义出版物

  K. 其他＿＿＿＿＿＿

 7. 请问您所在出版企业采用新媒体产品技术的动机有哪些?请对选择的动机进行排序。（排序题）

  A. 弥补传统业务下滑　　　B. 开拓新的产品市场

  C. 获取数字创新经验　　　D. 政策驱动

  E. 增进与下游企业的关系　F. 其他＿＿＿＿＿＿

 8. 请问您所在出版企业采用新媒体产品技术的方式有哪些?请对选择的方式进行排序。（排序题）

  A. 完全外包　　　　　　　B. 部分外包

　　C. 合作研发　　　　　　　D. 自主研发

　　E. 其他_____

　　9. 以下是关于您所在出版企业新媒体产品技术应用的表现，请您根据实际情况进行填答。

1. 非常不符合；2. 不符合；3. 一般；4. 符合；5. 非常符合					
A. 提升了公司的企业形象	1	2	3	4	5
B. 吸引到了新的用户	1	2	3	4	5
C. 创造出了新的盈利模式	1	2	3	4	5

　　10. 请问您所在出版企业上一年度新媒体（数字出版）业务收入（RMB）大约是多少？

　　　　A. 0　　　　　　　　　　B. 0 ~ 10 万

　　　　C 10 万 ~ 100 万　　　　　D. 100 万 ~ 500 万

　　　　E. 500 万 ~ 1000 万　　　　F. 1000 万 ~ 3000 万

　　　　G. 3000 万以上

　　11. 请问您所在出版企业上一年度新媒体（数字出版）业务收入占据总营业收入的比重？

　　　　A. 0　　　　　　　　　　B. 0 ~ 3%

　　　　C. 3% ~ 5%　　　　　　　D. 5% ~ 10%

　　　　E. 10% ~ 20%　　　　　　F. 20% ~ 40%

　　　　G. 40% 以上

　　12. 请问您所在出版企业目前核心业务的信息化水平？

　　　　A. 涵盖业务领域 30% 以下，系统孤立化

　　　　B. 涵盖业务领域 30% 以上，系统不统一、孤立化

　　　　C. 涵盖业务领域 50% 以上，系统有一定集成

　　　　D. 涵盖业务领域 80% 以上，系统全部集成、统一

　　　　E. 涵盖全部业务领域，系统完全集成统一

　　13. 请问您所在出版企业采用了下列哪些信息化技术？

　　　　A. 办公自动化　　　　　　B. 企业资源管理（ERP）

C. 客户关系管理（CRM）　D. 内容管理系统（CMS）

E. 编务管理信息系统　　　F. 发行管理信息系统

G. 智能分析系统　　　　　H. 电子商务

I. 语义标注技术　　　　　J. 其他_____

14. 请问您所在出版企业上一年度对新媒体（数字出版）业务综合投入（RMB）大约是多少？

A. 0　　　　　　　　　　　B. 0～10 万

C. 10 万～100 万　　　　　D. 100 万～500 万

E. 500 万～1000 万　　　　F. 1000 万～3000 万

G. 3000 万以上

15. 请问您所在出版企业的新媒体（数字出版）公司/部门属于下列哪种情形？

A. 出版社（集团）全资独立子公司

B. 出版社（集团）控股子公司

C. 出版社（集团）参股非控股子公司

D. 出版社（集团）业务部门之一

E. 出版社（集团）直属临时项目组

F. 出版社（集团）业务部下项目组

16. 请问您所在出版企业的新媒体（数字出版）相关部门人员数量大约是多少？

A. 3 人以下　　　　　　　B. 4～10 人

C. 11～20 人　　　　　　 D. 21～50 人

E. 51～100 人　　　　　　F. 101～200 人

G. 201 人以上

17. 请问您所在出版企业近 3 年来获得政府部门有关新媒体（数字出版）的资金支持大约是多少？

A. 0　　　　　　　　　　　B. 0～10 万

C. 10 万～100 万　　　　　D. 100 万～500 万

E. 500 万～1000 万　　　　F. 1000 万～3000 万

G. 3000 万以上

18. 请问您所在新媒体公司/部门人员有哪些工作背景？（多选题）

  A. 传统出版企业

  B. 电视、报纸、杂志等传媒行业

  C. IT、电信行业

  D. 加工制造业

  E. 金融服务业

  F. 高校及科研机构

  G. 其他行业_____

 19. 请问您所在新媒体公司/部门人员有哪些学科背景？（多选题）

  A. 文史哲相关专业　　B. 经济管理专业

  C. 法律相关专业　　　D. 计算机相关专业

  E. 出版传媒相关专业　F. 自然科学相关专业

  G. 其他专业_____

 20. 针对新媒体（数字出版）业务发展，您所在出版企业开展的管理创新情况。

1. 完全没有；2. 基本没有；3. 一般；4. 有，但差异不大； 5. 有，且差异明显					
A. 建立起了新的组织结构	1	2	3	4	5
B. 建立起了新的绩效考核方式	1	2	3	4	5
C. 建立起了项目决策与评价机制	1	2	3	4	5

 21. 您所在的出版企业应用新媒体产品技术主要面临哪些问题？请对选择结果排序。（排序题）

  A. 创新风险过高　　　B. 难以选择创新目标

  C. 创新环境不佳　　　D. 创新人才缺乏

  E. 创新动力不足　　　F. 管理机制不顺

  G. 创新资金不足　　　H. 其他_____

 22. 请问下列外部因素对您所在出版企业开展新媒体业务的重要性？

1. 非常不重要；2. 不重要；3. 一般；4. 重要；5. 非常重要					
A. 版权保护状况	1	2	3	4	5
B. 新媒体产品需求状况	1	2	3	4	5
C. 政府关于数字出版/新媒体产业政策	1	2	3	4	5
D. 政府相关资金扶持	1	2	3	4	5
E. 行业外的竞争压力	1	2	3	4	5
F. 行业内的竞争压力	1	2	3	4	5
G. 与 IT 企业的战略合作	1	2	3	4	5
H. 与传媒企业的战略合作	1	2	3	4	5
I. 与科研机构的战略合作	1	2	3	4	5

23. 请问下列内部因素对您所在出版企业开展新媒体业务的重要性？

1. 非常不重要；2. 不重要；3. 一般；4. 重要；5. 非常重要					
A. 企业高层对新媒体业务的支持	1	2	3	4	5
B. 企业部门间有关新媒体业务的沟通与合作	1	2	3	4	5
C. 企业目前的信息化程度	1	2	3	4	5
D. 企业战略管理的核心能力	1	2	3	4	5
E. 企业网络营销的核心能力	1	2	3	4	5
F. 企业内容策划的核心能力	1	2	3	4	5
G. 企业的资金实力	1	2	3	4	5
H. 企业的人才资源	1	2	3	4	5
I. 企业的内容资源	1	2	3	4	5

问卷到此结束，再次感谢您的参与和配合！

附录 3 出版企业新媒体技术采纳绩效影响因素调查

一、问题描述

此调查问卷以出版企业采纳新媒体技术绩效的影响因素为调查目标，对其多种影响因素使用层次分析法进行分析。层次模型如下图。

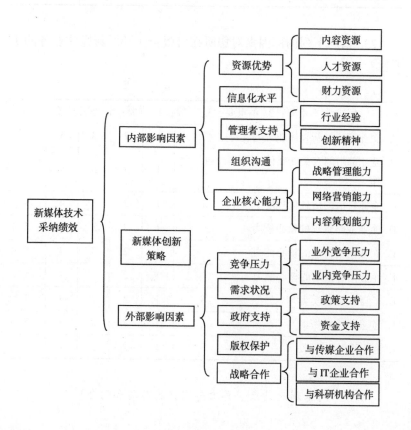

二、问卷说明

此调查问卷的目的在于确定出版企业新媒体技术采纳绩效的各影响因素之间的相对权重。调查问卷根据层次分析法（AHP）的形式设计。这种方法是在同一个层次对影响因素的重要性进行两两比较。衡量尺度划分为5个等级，分别是绝对重要、十分重要、比较重要、稍微重要、同样重要，分别对应9，7，5，3，1的数值。靠左边的衡量尺度表示左列因素重要于右列因素，靠右边的衡量尺度表示右列因素重要于左列因素。根据您的看法，在对应方格中填上字母"A"即可。

三、问卷内容

- 第1层要素
- 评估"新媒体技术采纳绩效"的相对重要性

影响因素	说　明
企业内部影响因素	出版企业内部组织系统本身所具有的规则与资源，及其对企业创新活动所产生的影响，具体包括资源优势、信息化水平、管理者支持、组织沟通与企业核心能力等
新媒体创新策略	出版企业利用新媒体技术在产品、生产方式、组织管理等方面不断进行创新，从而在激烈竞争中保持独特优势的创新策略
外部环境影响因素	出版企业身处的环境所具有的特征以及这些特征对企业创新活动所产生的影响，具体包括竞争压力、政府支持、战略合作、版权保护、需求状况等

下列各组比较要素，对于"新媒体技术采纳绩效"的相对重要性如何？

A	评价尺度									B
	9	7	5	3	1	3	5	7	9	
企业内部影响因素										新媒体创新策略
企业内部影响因素										外部环境影响因素
新媒体创新策略										外部环境影响因素

● 第 2 层要素

■ 评估"企业内部影响因素"的相对重要性

影响因素	说　　明
资源优势	出版企业为采纳新媒体技术方面所具备的资源竞争优势，具体包括内容资源、人才资源和财力资源
信息化水平	出版企业人员应用信息技术的知识、技能以及组织所具备的相应的基础设施
管理者支持	高层主管基于本身所具备的创新精神和行业经验优势对出版企业采纳新媒体技术所提供的支持，具体分为创新精神与行业经验两个维度
组织沟通	出版企业内部人员在开展新媒体业务过程中，有目的地进行信息与情感的交流，同时开展相应的合作
企业核心能力	作为企业竞争优势来源的具有专长性的能力集合，具体包括网络营销能力、内容策划能力和战略管理能力

下列各组比较要素，对于"企业内部影响因素"的相对重要性如何？

A	评价尺度									B
	9	7	5	3	1	3	5	7	9	
资源优势										信息化水平

A	评价尺度									B
	9	7	5	3	1	3	5	7	9	
资源优势										管理者支持
资源优势										组织沟通
资源优势										企业核心能力
信息化水平										管理者支持
信息化水平										组织沟通
信息化水平										企业核心能力
管理者支持										组织沟通
管理者支持										企业核心能力
组织沟通										企业核心能力

- 第2层要素
- 评估"外部环境影响因素"的相对重要性

影响因素	说　　明
竞争压力	出版企业在新媒体创新过程中感受到来自外部竞争对手所带来的压力，具体包括行业外竞争压力和行业内竞争压力
需求状况	消费者愿意且能购买出版企业新媒体产品的状况
政府支持	政府部门为管理和促进出版企业数字化转型，制定相应的政策措施，同时提供必要的资金支持，具体包括资金支持和政策支持
战略合作	出版企业与其他组织，为实现各自战略发展目标，通过正式或非正式契约建立起相应的合作关系，具体包括与IT企业合作、与科研机构合作、与传媒企业合作
版权保护	通过相应的制度安排和技术手段对网络环境下的版权进行有效控制的方式

下列各组比较要素，对于"外部环境影响因素"的相对重要性如何？

A	评价尺度									B
	9	7	5	3	1	3	5	7	9	
竞争压力										需求状况
竞争压力										政府支持
竞争压力										战略合作
竞争压力										版权保护
需求状况										政府支持
需求状况										版权保护
需求状况										战略合作
政府支持										版权保护
政府支持										战略合作
版权保护										战略合作

- 第 3 层要素

下列各组比较要素，对于"资源优势"的相对重要性如何？

A	评价尺度									B
	9	7	5	3	1	3	5	7	9	
内容资源										人才资源
内容资源										财力资源
人才资源										财力资源

下列各组比较要素，对于"管理者支持"的相对重要性如何？

A	评价尺度									B
	9	7	5	3	1	3	5	7	9	
创新精神										行业经验

下列各组比较要素，对于"企业核心能力"的相对重要性如何？

A	评价尺度									B
	9	7	5	3	1	3	5	7	9	
战略管理能力										网络营销能力
战略管理能力										内容策划能力
网络营销能力										内容策划能力

下列各组比较要素，对于"竞争压力"的相对重要性如何？

A	评价尺度									B
	9	7	5	3	1	3	5	7	9	
行业外竞争压力										行业内竞争压力

下列各组比较要素，对于"政府支持"的相对重要性如何？

A	评价尺度									B
	9	7	5	3	1	3	5	7	9	
政策支持										资金支持

下列各组比较要素，对于"战略合作"的相对重要性如何？

A	评价尺度									B
	9	7	5	3	1	3	5	7	9	
与传媒企业合作										与 IT 企业合作
与传媒企业合作										与科研机构合作
与 IT 企业合作										与科研机构合作

问卷结束，谢谢您的支持！

参 考 文 献

一、中文文献

[1] [美] 阿兰·B. 阿尔可瓦兰. 传媒经济与管理学导论 [M]. 崔保国, 等, 译. 北京: 清华大学出版社, 2010.

[2] [美] 埃弗雷特·M. 罗杰斯. 创新的扩散 [M]. 辛欣, 译. 北京: 中央编译出版社, 2002.

[3] [美] 拜瑞·J. 内勒巴夫, 亚当·M. 布兰登勃格. 合作竞争 [M]. 王煜全, 等, 译. 合肥: 安徽人民出版社, 2000.

[4] [美] 布赖恩. 卡欣, 哈尔. 瓦里安. 传媒经济学: 数字信息经济学与知识产权 [M]. 常玉田, 译. 北京: 中信出版社, 2003.

[5] [美] 大卫·波维特. 价值网: 打破供应链挖掘隐利润 [M]. 仲伟俊, 译. 北京: 人民邮电出版社, 2001.

[6] [美] 卡尔·夏皮罗, 哈尔·瓦里安. 信息规则: 网络经济的策略指导 [M]. 张帆, 译. 北京: 中国人民大学出版社, 2000.

[7] [美] 克里斯·阿吉里斯. 组织学习 (第二版) [M]. 张莉, 等, 译. 北京: 中国人民大学出版社, 2004.

[8] [美] 克莱顿·M. 克里斯坦森. 创新者的窘境 [M]. 胡建桥, 译. 北京: 中信出版社, 2010.

[9] [美] 克莱顿·M. 克里斯坦森, 迈克尔·E·雷纳. 困境与出路: 企业如何制定破坏性增长战略 [M]. 容冰, 译. 北京: 中信出版社, 2004.

[10] [美] 罗伯特. G. 皮卡德. 媒介经济学: 概念与问题 [M].

赵丽颖，译．北京：中国人民大学出版社，2005.

[11] [美] 罗伯特·K.殷．案例研究方法的应用 [M]．周海涛，等，译．重庆：重庆大学出版社，2009.

[12] [美] 威廉·E.卡斯多夫．哥伦比亚数字出版导论 [M]．徐丽芳，等，译．苏州：苏州大学出版社，2007.

[13] [美]约翰·帕夫利克．新媒体技术：文化与商业前景 [M]．周勇，译．北京：清华大学出版社，2005.

[14] [英] 伊迪斯·彭罗斯．企业成长理论 [M]．赵晓，译．上海：上海三联书店，2007.

[15] 陈丹．数字出版产业创新模式研究 [M]．北京：科学技术文献出版社，2012.

[16] 陈鹏．制度与空间——中国媒介制度变革论 [M]．北京：中国书籍出版社，2011.

[17] 陈昕．中国出版产业论稿 [M]．上海：复旦大学出版社，2006.

[18] 陈昕．中国图书定价制度研究 [M] 北京：生活·读书·新知三联书店，2011.

[19] 陈昕．美国数字出版考察报告 [M]．上海：上海人民出版社，2008.

[20] 郭亚军．基于用户信息需求的数字出版模式 [M]．北京：世界图书出版公司，2010：63-65.

[21] 郝振省．2012—2013中国数字出版产业年度报告 [M]．北京：中国书籍出版社，2013.

[22] 蒋宏，徐剑．新媒体导论 [M]．上海：上海交通大学出版社，2006.

[23] 匡导球．中国出版技术的历史变迁 [M]．长沙：湖南人民出版社，2009.

[24] 林毅夫，蔡昉，李周．中国的奇迹：发展战略与经济改革 [M]．上海：上海三联书店，1994.

[25] 林毅夫．论经济学方法 [M]．北京：北京大学出版社，2005.

[26] 刘军．管理研究方法：原理与应用 [M]．北京：中国人民大

学出版社，2008.

[27] 柳卸林．技术创新经济学［M］．北京：中国经济出版社，1993.

[28] 卢泰宏．信息分析［M］．广州：中山大学出版社，1998.

[29] 马为公，罗青．新媒体传播［M］．北京：中国传媒大学出版社，2011.

[30] 聂进．中小企业信息技术采纳影响因素研究［M］．北京：科学出版社，2010.

[31] 王润珏．产业融合趋势下的中国传媒产业发展研究［M］．北京：中国书籍出版社，2011.

[32] 吴赟．文化与经济的博弈：出版经济学理论研究［M］．北京：中国社会科学出版社，2009.

[33] 谢新洲．电子出版技术［M］．北京：北京大学出版社，2006.

[34] 新闻出版总署科技与数字出版司．实践·探索·启迪——数字出版案例选编［M］．北京：中国书籍出版社，2011.

[35] 徐丽芳，刘锦宏，丛挺．数字出版概论［M］．北京：电子工业出版社，2014.

[36] 张文俊．数字新媒体概论［M］．上海：复旦大学出版社，2009.

[37] 周蔚华．数字传播与出版转型［M］．北京：北京大学出版社，2011.

[38] 周振华．信息化与产业融合［M］．上海：上海三联书店，2003.

二、外文文献

[1] Albarran A B, Chan-Olmsted S M, Wirth M O. Handbook of Media Management and Economics［M］. New Jersey：Lawrence Erlbaum Associates，2006.

[2] Baker J. The technology-organization-environment framework［M］//Information Systems Theory. New York：Springer New

York，2012.

［3］ Eisenhart D M. Publishing in the Information Age：A New Management Framework for the Digital Era ［M］. Westport：Quorum Books，1994.

［4］ Epstein J. Book Business：Publishing Past，Present，and Future ［M］. New York：W. W. Norton，2002.

［5］ Grant R M. The Resource-based Theory of Competitive Advantage ［M］. California Management Review，University of California at Berkeley，1991.

［6］ Schilling M A. Strategic Management of Technological Innovation ［M］. New York：McGraw-Hill Education，2005.

［7］ White M，Bruton G. The Management of Technology and Innovation：A Strategic Approach ［M］. Mason：Thomson Learning，2010.

［8］ Yoffie D B. Introduction：CHESS and Competing in the Age of Digital Convergence ［M］// Competing in the Age of Digital Convergence. Boston：Harvard Business Press，1997：1-36.

［9］ Vaara M. Digital disruption faced by the book publishing industry ［D］. Tampere：University of Tampere Master Thesis，2010.

［10］ Anthoney A. The UK children's publishing house—adapting to change for the multimedia market ［J］. The Electronic Library，2000，18（4）：269-278.

［11］ Anthony J. The challenge of e-book growth in international markets ［J］. Publishing Research Quarterly，2012，28（4）：273-284.

［12］ BarNir A，Gallaugher J M，Auger P. Business process digitization，strategy，and the impact of firm age and size：the case of the magazine publishing industry ［J］. Journal of Business Venturing，2003，18（6）：789-814.

［13］ Barras R. Interactive innovation in financial and business services：the vanguard of the service revolution ［J］. Research

Policy, 1990, 19 (3): 215-237.

[14] Barratt M, Rosdahl K. Exploring business-to-business marketsites [J]. European Journal of Purchasing & Supply Management, 2002, 8 (2): 111-122.

[15] Bennett L. Ten years of e-books: a review [J]. Learned Publishing, 2011, 24 (3): 222-229.

[16] Bide M. Adding value in electronic publishing- taking the reader's perspective [J]. Business Information Review, 2002, 19 (1): 55-60.

[17] Björk B C, Hedlund T. Two scenarios for how scholarly publishers could change their business model to open access [J]. Journal of Electronic Publishing, 2009, 12 (1).

[18] Buschow C, Nölle I, Schneider B. German book publishers' barriers to disruptive innovations: the case of e-book adoption [J]. Publishing Research Quarterly, 2014, 30 (1): 63-76.

[19] Chan-Olmsted S M, Ha L S. Internet business models for broadcasters: how television stations perceive and integrate the Internet [J]. Journal of Broadcasting & Electronic Media, 2003, 47 (4): 597-616.

[20] Chatterjee D, Grewal R, Sambamurthy V. Shaping up for e-commerce: institutional enabler of the organizational assimilation of web technologies [J]. MIS Quarterly, 2002, 26 (2): 65-89.

[21] Chau P Y K, Tam K Y. Organizational adoption of open systems: a 'technology-push, need-pull' perspective [J]. Information & Management, 2000, 37 (5): 229-239.

[22] Chau P Y K, Tam K Y. Factors affecting the adoption of open systems: an exploratory study [J]. MIS Quarterly, 1997, 21 (1): 1-24.

[23] Chwelos P, Benbasat I, Dexter A S. Research report: empirical test of an EDI adoption model [J]. Information System

Research, 2001, 12 (3): 305-321.

[24] Cooper B, Zmud R W. Information technology implementation research: a technological diffusion approach [J]. Management Science, 1990, 36 (2): 123-139.

[25] Damanpour F, Gopalakerishnan S. The dynamics of the adoption of product and process innovations in organizations [J]. Journal of Management Studies, 2001, 38 (1): 45-65.

[26] Damanpour F, Szabat K A, Evan W M. The relationship between types of innovation and organizational performance [J]. Journal of Management Studies, 1989 (26): 587-601.

[27] Damanpour F, Walker R M, Avellaneda C N. Combinative effects of innovation types and organizational performance: a longitudinal study of service organizations [J]. Journal of Management Studies, 2009, 46 (4): 650-675.

[28] Damanpour F. An integration of research findings of effects of firm size and market competition on product and process innovations [J]. British Journal of Management, 2010, 21 (4): 996-1010.

[29] Damanpour F. The adoption of technological, administrative, and ancillary innovations: impact of organizational factors [J]. Journal of Management, 1987, 13 (4): 675-688.

[30] Damanpour F. Organizational complexity and innovation: developing and testing multiple contingency models [J]. Management Science, 1996, 42 (5): 693-716.

[31] Damanpour F. Organizational innovation: a meta- analysis of effects of determinants and moderators [J]. The Academy of Management Journal, 1991, 34 (3): 555-590.

[32] Damanpour F. Organizational size and innovation [J]. Organization Studies, 1992 (13): 375-402.

[33] Desanctis G, Poole M S. Capturing the complexity in advanced technology use: adaptive structuration theory [J]. Organization Science, 1994, 5 (2): 121-147.

［34］ Dong D, Saha A. He came, he saw, （and） he waited: an empirical analysis of inertia in technology adoption ［J］. Applied Economics, 1998, 30 （7）: 893-905.

［35］ Godine D R. The role and future of the traditional book publisher ［J］. Publishing Research Quarterly, 2011 （27）: 332-337.

后　记

在我写这篇后记的时候，距离自己开始出版领域的研究刚好过去十年。十年前当我用稚嫩的笔触完成本科毕业论文（主题是关于图书手机营销）时，肯定不会想到十年后的今天，我会在即将出版的图书后记中提到这段往事。

2009年，被媒体称为中国的3G元年，但对大部分中国人而言，手机还仅仅是一个普通的通信工具，很少有出版企业愿意在移动媒体上进行实质性的投入，所以我在本科论文中更多是从营销层面探讨出版与新技术的结合。2018年，当手机真切地走进每个人的生活，微信、今日头条、喜马拉雅、抖音、得到……无数的移动应用和服务拥挤在我们小小的屏幕上，几乎没有哪个出版企业可以忽视移动端的存在，以移动媒体为代表的新技术采纳成为了出版业的现实命题，这也构成了我这部书稿所探讨的核心问题。

面对这样一个现实命题，我尝试从出版企业这一微观视角切入，通过实证研究的方式分析我国出版企业新媒体技术采纳问题，试图揭示背后的客观规律。在研究过程中，有一个细节令我印象深刻。当我就研究结果进行专家咨询的时候，一位专家跟我提到，"希望你的研究结论不要仅仅停留在帮助企业脱困上"。当时我并不十分理解这层话的含义，而经过若干年，我才意识到他是委婉地点出了我这项研究的局限性。如果一个研究无法完成对特定对象的超越，它的影响终究还是有限的。

伴随着博士论文研究成果的出版，我也经历了自己人生最重要的十年。从一个懵懂的本科生，完成硕士、博士阶段的学习，直到走上教师的岗位。唯一不变的是我一直在关注出版、研究出版。如果说十年前的那篇本科毕业论文，算是我与出版的第一次亲密接触，今天即将完成的书稿可以说是对我出版研究生涯的一个阶段性总结。它不是终点，却有激励自己不断前行的特殊意义。

身处在出版领域，周围总有一种声音在说"出版无学"，这也或多或少地影响到了出版学科的发展。实际上，作为一个研究领域，无论是在国内还是国外，出版研究一直都有其存在的现实意义，这既表现在出版活动作为知识生产与传播的重要组成部分，对社会经济发展的推动作用，更表现在全球技术经济范式发生深刻转变的当下，出版对国家软实力乃至综合国力提升的战略意义。但是这样一种意义的实现并不仅仅来自我们出版研究者内部的宣誓，而更多取决于外部社会和学术界的认可。它取决于我们能否跳出出版，从更宏大的视野看待出版的历史与现实；能否用科学的态度去建构出版活动中每一个有价值的研究问题；能否用规范的方法去分析和论证出版理论中提出的每一个观点。也许我们无法构建一个能够比肩其他经典学科的"出版学"，但至少我们可以做出一些让其他学科尊重的"出版研究"。

本书的撰写和出版离不开许多师长和前辈的指导，离不开家人和亲友的关心，特别感谢我的博士生导师徐丽芳教授对我的悉心指导和帮助，感谢方卿教授一直以来对我的鼓励和点拨，感谢我的本科导师梁春芳教授引领我进入出版研究的大门。另外，在我课题调研的关键阶段，得到了许多业界同仁的无私帮助，如果没有他们的支持，我的研究无法顺利完成。我想向程三国、马学海、万智、王钊、王卉、张世军、闫翔、朱亮亮、曾令斌、刘美华等诸多前辈和同仁表示衷心的感谢！曾元祥、张晋朝、赵婷婷为论文的修改提出了宝贵的意见，武汉大学出版社的编辑们亦为本书的面世提供了诸多帮助。在此一并向他们致以最诚挚的谢意。

作为出版研究领域的新兵，纵然我尽了最大努力，但是由于能力和视野所限，书稿仍存在诸多不足之处，恳请各位专家批评指正！

丛　挺

2019.1 于上海